जिम्मेदारी की शक्ति

इस पुस्तक में मैंने काफी किस्से, कहानियाँ इस्तेमाल किए हैं, जो मैंने अपने जीवन में कहीं-न-कहीं पढ़े अथवा सुने हैं तथा इसका श्रेय इनके रचनाकार को ही जाता है।

जिम्मेदारी की शक्ति

सुरेश मोहन सेमवाल

प्रकाशक
प्रभात प्रकाशन प्रा. लि.
4/19 आसफ अली रोड, नई दिल्ली–110002
फोन : 011–23289777 • हेल्पलाइन नं. : 7827007777
इ–मेल : prabhatbooks@gmail.com ❖ वेब ठिकाना : www.prabhatbooks.com

संस्करण
2025

मूल्य
दो सौ पचास रुपए

मुद्रक
नरुला प्रिंटर्स, दिल्ली

★

ZIMMEDARI KI SHAKTI
by Suresh Mohan Semwal

Published by **PRABHAT PRAKASHAN PVT. LTD.**
4/19 Asaf Ali Road, New Delhi-110002

ISBN 978-93-5048-577-4

₹ 250.00

मैं अपनी पहली पुस्तक अपनी 'माँ' श्रीमती कमलेश्वर सेमवाल को समर्पित करता हूँ, जिनसे मैंने जिम्मेदारियों को निस्स्वार्थ भाव एवं प्रेम से मुसकराते हुए पूरा करने की प्रेरणा हासिल की।

इक खता हम ताउम्र करते रहे,
धूल चेहरे पर थी, हम आईना साफ करते रहे।

एक सज्जन अपने एक मित्र के घर पहुँचे। वहाँ उनसे पूछा गया, 'आप क्या पीना पसंद करेंगे?' उन्होंने कहा, चाय। जब उन्हें चाय दी तो उन्होंने कप को बड़े ध्यान से देखा और सारी चाय खिड़की से बाहर फेंक दी। यह देखकर उनके मित्र ने इसका कारण पूछा तो उन्होंने कहा, 'चाय में मक्खी पड़ी थी।' मित्र ने शर्मिंदगी भरे लहजे में कहा, 'माफ करें, मैं दूसरा कप मँगवाता हूँ।' दूसरा कप आने पर उन्होंने चाय को फिर ध्यान से देखा और उसे भी खिड़की से बाहर फेंक दिया। पूछे जाने पर उनका फिर वही जवाब था कि 'चाय में मक्खी पड़ी थी'। उनके मित्र ने फिर से तीसरी चाय मँगवाई तथा उसे देखकर भी जब वह खिड़की की ओर जाने लगे तो उनके मित्र ने उन्हें रोककर कहा, 'अब क्या हुआ?' तो उस सज्जन ने फिर वही जवाब किया कि चाय में मक्खी पड़ी है। इस पर मित्र ने पहले चाय को देखा, फिर उन्हें देखा और कहा, 'दोस्त, जरा अपना चश्मा उतारकर देखो, मक्खी चाय में नहीं, आपके चश्मे पर चिपकी हुई है और आप हमारी दो कप चाय यों ही फेंक चुके हैं।'

यही समस्या हममें से अधिकतर के साथ पेश आती है कि हम अपने दुःख, परेशानी या तनाव का कारण अकसर किसी और को समझते हैं तथा अपने दोष या जिम्मेदारी अपने अलावा सब पर थोपते रहते हैं। नतीजा यह होता है कि स्वयं भी परेशान रहते हैं, साथ-साथ अपने आसपास के लोगों को

भी परेशान रखते हैं।

मेरा मानना है कि हमारे सुख या दुःख के लिए अधिकतर हम स्वयं ही जिम्मेदार होते हैं। यदि हम अपनी सोचने की दिशा तथा अपनी आदतों में परिवर्तन करें तो हमारी जिंदगी की दशा और दिशा दोनों में परिवर्तन हो सकता है। किसी ने सच ही कहा है, 'ईश्वर चुनता है कि हम किन परिस्थितियों से गुजरेंगे, परंतु हम चुनते हैं कि हम इन परिस्थितियों से कैसे गुजरेंगे।'

जिस तरह एक अँधेरे कमरे में अँधेरा भगाने के लिए प्रकाश लाना आवश्यक है, उसी प्रकार जिंदगी से उदासी, दुःख, जलन, क्रोध, तनाव आदि को हटाने के लिए हमें अपना मानसिक स्विच ऑन करना होगा, जिससे हम अपनी सोच एवं आदतों में परिवर्तन करके अपने जीवन को सुखमय बना सकें, और हम व हमारा परिवार ईश्वर की बनाई इस खूबसूरत सृष्टि का भरपूर आनंद ले सकें।

अब सवाल यह है कि सोच में परिवर्तन कैसे लाया जाए? उसका एक तरीका, जो समझ में आता है वह है—अपनी वर्तमान गतिविधियों, आदतों एवं सोच के प्रति जागरूकता पैदा करना; और इसी जागरूकता को पैदा करने की पहल, मेरी इस पहली पुस्तक में की गई है, पढ़ें और आनंद लें। मुझे विश्वास है कि यह पुस्तक आपको अवश्य पसंद आएगी!

—सुरेश मोहन सेमवाल

"हर परिवर्तन सुधार नहीं होता, परंतु परिवर्तन के बिना कोई सुधार नहीं हो सकता तथा परिवर्तन शुरू में पीड़ादायक ही होता है।"

अनुक्रमणिका

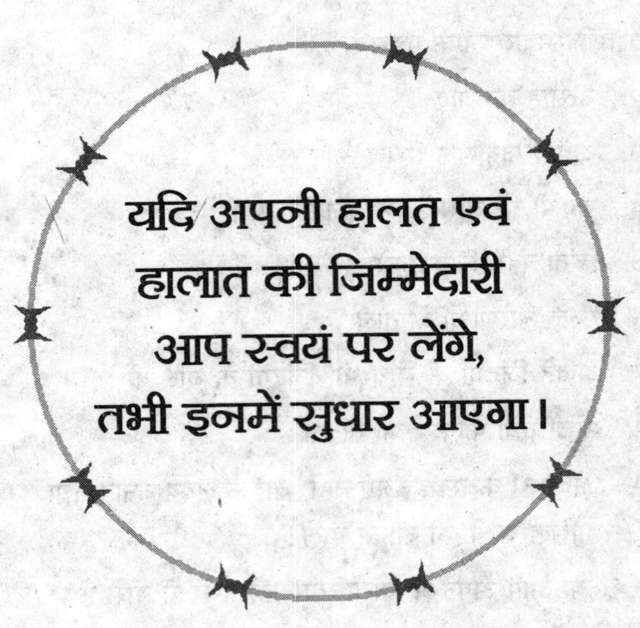
यदि अपनी हालत एवं
हालात की जिम्मेदारी
आप स्वयं पर लेंगे,
तभी इनमें सुधार आएगा।

जिम्मेदारी...एक एहसास

जिम्मेदारी—यह एक ऐसा शब्द है, जिसे सुनते ही मिश्रित सा एहसास होता है। कुछ लोग इसे बोझ समझते हैं तो कुछ इसे जीने का उद्देश्य समझते हैं। कुछ अपनी जिम्मेदारियों को अपना कर्म और कर्तव्य मानते हैं। यहाँ सवाल यह नहीं है कि कौन इसे क्या समझता है, बल्कि सवाल यह है कि आखिर एक ही बात के लिए भिन्न-भिन्न दृष्टिकोण अपनाने से क्या प्रभाव होता है।

बोझ या जीने का उद्देश्य—हर काम के साथ ही जिम्मेदारी जुड़ी होती है। अगर कहें कि जिम्मेदारी को ढंग से पूरा किए बिना, किसी भी कार्य की सफलता की उम्मीद ही व्यर्थ है, तो यह गलत नहीं होगा। जिम्मेदारी को यदि स्वयं समझकर पूरा किया जाए तो आत्मसंतुष्टि, आनंद और उल्लास की प्राप्ति होगी और जिम्मेदारी यदि पूरी करनी पड़ती है तो 'चलो, यह भी काम पूरा हुआ' का बोध हाथ आएगा। अब यह बात तो स्वयं विचार करने योग्य है कि काम जिम्मेदारी से होना चाहिए या बोझ समझकर; और काम करने के बाद आप कैसा महसूस करना चाहते हैं।

मैं इस संबंध में अपनी राय किसी पर थोपना नहीं चाहता, परंतु मेरी छोटी सी जिंदगी और अपने सेमिनारों के दौरान लोगों से मिलने का जो अनुभव है, उसके अनुसार मैंने पाया कि जब व्यक्ति कोई भी जिम्मेदारी अपनी इच्छा से लेता है तो वह उसकी शक्ति बन जाती है और जीवन जीने का उद्देश्य बन जाती है, किंतु जब यही जिम्मेदारी लेनी पड़ती है, तब वह एक बोझ का एहसास कराती है। जिम्मेदारी 20 प्रतिशत दी जा सकती है किंतु 80 प्रतिशत तो इसे लेना ही

होता है। अत: जिम्मेदारी दी नहीं जाती, जिम्मेदारी ली जाती है।

परंतु यहाँ सवाल 'लेनी पड़ती' या 'लेना चाहता हूँ' का नहीं, बल्कि जिम्मेदारी के एहसास का है। अपनी बात को समझाने के लिए मैं अपने एक सेमिनार के किस्से को आपके समक्ष प्रस्तुत करता हूँ। मैं लखनऊ में एक सेमिनार करने गया था। वहाँ मुझे कुछ प्रबंधकों को संबोधित करना था। मेरी आदत जरा अधिक सवाल पूछने की है। मेरा मानना है कि हम लोगों में ज्ञान की कोई कमी नहीं है, कमी होती है तो सिर्फ सही दिशा में सोचने की तथा ज्ञान पर अमल करने की। इसलिए सेमिनार के दौरान मैं प्रश्नों द्वारा अपने प्रतिभागियों को सोचने के लिए प्रेरित करता हूँ।

आप क्यों जी रहे हैं?

उस सेमिनार में मैंने सवाल पूछा—आप क्यों जी रहे हैं? (Why are you living?) जैसे ही यह सवाल पूछा गया सब लोग एक-दूसरे की तरफ हैरानी भरी नजर से देखने लगे, परंतु जवाब किसी ने नहीं दिया। मुझे सेमिनार में सुस्ती और सुस्त लोग बहुत अखरते हैं। सुस्त व्यक्ति मुझे मुरदे समान प्रतीत होते हैं और मुरदे कितने ही प्यारे क्यों न हों, कोई उसे ज्यादा देर अपने पास नहीं रखता।

एक सज्जन कुछ अधिक ही सुस्त अवस्था में कुरसी पर पसरे हुए थे (कई लोगों में इस प्रकार की आदत होती है)। मुझे उनके बैठने का ढंग कुछ अच्छा नहीं लग रहा था। मैं सब लोगों को छोड़कर उनके पास गया और उनसे पूछा, 'श्रीमान, क्या मुझे बता सकते हैं कि आप क्यों जी रहे हैं?' यह सवाल उन्हें कुछ अजीब सा लगा। उन्हें कुछ बुरा भी लगा कि मैं सब लोगों को छोड़कर उनके पास ही क्यों आया, ऐसा बेतुका सवाल पूछने! शायद उन्होंने मन में सोचा होगा कि क्या इन सब में सिर्फ वही जी रहे हैं? वे मेरी बात अनसुनी कर अपने सामने पड़े फोल्डर को उलटने-पलटने लगे, ताकि मैं किसी और के पास चला जाऊँ, परंतु मैं दृढ़तापूर्वक वहीं, उनके पास डटा रहा, फिर उनसे कहा, 'सर, आप यह फोल्डर 5 बजे के बाद आराम से देखिएगा, फिलहाल क्या आप मेरे सवाल का जवाब देंगे?' जब काफी देर तक मैं वहीं खड़ा रहा तो वे मेरी ओर

देखकर मुसकराए और सोचा कि शायद बला टल जाए, परंतु उन्हें नहीं पता था कि मैं किस कारण से उनसे यह सवाल पूछ रहा था। मैं दृढ़तापूर्वक उनके पास ही जमा रहा और अपना प्रश्न दोहराता रहा। अब उनकी मुसकराहट की जगह गुस्से ने ले ली थी। अचानक वह उठ खड़े हुए और जोर से अपने दोनों हाथ मेज पर पटकते हुए बोले, 'और क्या करूँ? मर जाऊँ? ये भी कोई सवाल है कि आप क्यों जी रहे हैं? अरे भाई, अब क्या करें, सुबह उठा, आँख खुली, जिंदा था, आ गया, नहीं खुलती तो वहीं पड़ा रहता।' फिर वे गेंद मेरे पाले में फेंकने के उद्देश्य से मुझसे ही बोले, 'अच्छा, आप ही बता दीजिए कि हम क्यों जी रहे हैं? और आपने मुझसे ही प्रश्न क्यों पूछा?' उत्तेजना से उनकी सारी सुस्ती दूर हो चुकी थी। अब वह अन्य प्रतिभागियों का समर्थन बटोरने की उम्मीद से अपनी कुरसी पर सीधे बैठ गए। उनका कुरसी पर अब सीधा बैठना मुझे बहुत अच्छा लगा। मैंने कहा, 'सर, यदि आपको मेरा प्रश्न या उसको पूछने का तरीका अच्छा नहीं लगा तो माफ करें। मैंने आपसे यह सवाल इसलिए पूछा था, क्योंकि मुझे लगा कि 40-45 साल से आप धरती की शोभा बढ़ा रहे हैं, तो शायद आपको इसका जवाब मालूम होगा। यदि आपको मेरे सवाल का जवाब नहीं पता तो कोई बात नहीं; मुझे माफ करें, मुझसे गलती हो गई।'

क्या आप को नहीं लगता कि हम में से ज्यादातर लोगों का जवाब यही होगा कि 'और क्या करूँ, मर जाऊँ?' दरअसल मुझसे भी किसी ने यह सवाल एक सेमिनार में पूछा था, परंतु मेरे पूछने पर भी उन्होंने इस सवाल का जवाब नहीं बताया। उनका कहना था कि 'आप क्यों जी रहे हैं, यह मैं कैसे बता सकता हूँ? आपको इसका कारण स्वयं ढूँढ़ना होगा।' उनका जवाब सुनकर मुझे कुछ अजीब सा महसूस हुआ, और यदि यही जवाब मैं भी आप लोगों को दूँगा तो आप सब भी मेरी तरह निराशा महसूस करेंगे। इसलिए इस प्रश्न पर काफी सोच-विचार के बाद मैं एक निष्कर्ष पर पहुँचा हूँ। हो सकता है कि आप मेरी राय से असहमत हों, पर मेरा मानना है कि हम जिंदा इसलिए हैं कि मरे नहीं, परंतु जी इसलिए रहे हैं क्योंकि हमारे ऊपर छह ग्राहकों को संतुष्ट एवं खुश रखने की जिम्मेदारी है और जिम्मेदारियों की यही शक्ति (न कि बोझ) हमें जीने के

लिए निरंतर प्रेरित करती है, न कि मजबूर। और ये छह ग्राहक, जिनके प्रति हमारी जिम्मेदारी है, इस प्रकार हैं—

1.	स्वयं	— हमारी पहली जिम्मेदारी स्वयं के प्रति है
2.	परिवार	— निजी ग्राहक
3.	सहकर्मी एवं संस्था	— आंतरिक ग्राहक
4.	ग्राहक	— बाहरी ग्राहक
5.	समाज/देश	— सामाजिक ग्राहक
6.	ईश्वर	— अंतरंग ग्राहक

स्वयं—स्वयं को प्रसन्न रखना हमारी सबसे पहली और महत्त्वपूर्ण जिम्मेदारी है। स्वयं को शारीरिक एवं मानसिक रूप से स्वस्थ रखना हमारी जिम्मेदारी ही नहीं अपितु आवश्यकता भी है। याद रखें, यदि हम खुश नहीं हैं तो कहीं-न-कहीं हम भी इसके जिम्मेदार हैं। यदि हमको लगता है कि हमें खुश रखने की जिम्मेदारी हमारे परिवार, सहकर्मियों या सरकार की है तो फिर हमारा खुश रहना जरा मुश्किल होगा।

परिवार—परिवार को निजी ग्राहक हम इसलिए कह सकते हैं क्योंकि इसे खुश रखना हमारी और सिर्फ हमारी जिम्मेदारी बनती है। ग्राहक शब्द इस्तेमाल करने का कारण सिर्फ इतना है कि हमें इन्हें भी खुश रखने की जरूरत महसूस हो, क्योंकि हमें ग्राहक को खुश रखना तो फिर भी याद रहता है, परंतु परिवार वालों को नहीं। स्वयं को खुश रखने के लिए भी परिवार को खुश रखना जरूरी है। आप तो जानते हैं कि यदि पत्नी खुश न हो तो पति का अधिक देर तक खुश रहना थोड़ा मुश्किल हो जाता है। इसलिए खुद खुश रहना है तो परिवार की खुशियों का ध्यान जरूर रखें। हर परिवार में एक सदस्य ऐसा भी होता है जो कभी शिकायत नहीं करता, कुछ माँगता भी नहीं और वो सदस्य है 'माँ'। यही एक ऐसी शख्सियत है, जो बिना कुछ माँगे सबका ध्यान रखती है तथा हमारी हर छोटी-बड़ी गलतियों को क्षमादान देती रहती है। मेरा मानना है कि बाकी सदस्य तो फिर भी सीधे

या किसी और तरीके से हमारा ध्यान आकर्षित कर ही लेते हैं, किंतु 'माँ' ही एक ऐसी सदस्य है, जो कभी माँग या शिकायत नहीं करती और शायद यही कारण है कि हम कभी-कभी 'माँ' की खुशी का इतना ध्यान नहीं रखते जितना बाकी सबका। मेरा मानना है कि जिस घर में 'माँ' खुश है, वहाँ खुशहाली जरूर रहेगी।

सहकर्मी एवं संस्था—हम अपने सजग जीवन का अधिकतर हिस्सा अपने कार्यक्षेत्र में लगाते हैं तथा आदतन हम कार्यक्षेत्र का तनाव, उत्साह तथा थकान अपने साथ घर भी ले जाते हैं। अतः यदि हमें जीवन में खुश रहना है तो अपने सहकर्मियों के साथ अच्छे संबंध बनाए रखना अत्यंत जरूरी है, ताकि हम कार्यक्षेत्र में उत्साह तथा आनंद बनाए रखें और इसी आनंद को साथ घर भी ले जाएँ।

ग्राहक (बाहरी ग्राहक)—ये वे व्यक्ति या संस्थाएँ हैं, जो हमारी सेवाओं या उत्पादों का इस्तेमाल करते हैं तथा उनकी कीमत चुकाते हैं।

सभी ग्राहकों में से यह ग्राहक ऐसा है, जिसको खुश रखे बिना अन्य ग्राहकों को खुश रखना बहुत मुश्किल होगा। मेरा मानना है कि हमारे राशन, कपड़े एवं हमसे जुड़ी प्रत्येक सुख-सुविधा का खर्चा हमारे बाहरी ग्राहक की जेब से आता है। अतः उन्हें खुश रखना हमारी सबसे बड़ी जिम्मेदारी है। यदि ये ग्राहक खुश रहे तो हमारी संस्था तरक्की करेगी और संस्था की तरक्की में ही आंतरिक ग्राहकों की तरक्की निहित है। जब हम खुश रहेंगे तो काम ढंग से करेंगे एवं तरक्की करेंगे और तभी परिवार व समाज के लिए कुछ कर सकेंगे।

इसलिए मैं अकसर लोगों से कहता हूँ कि अपने दिल के मंदिर में ग्रा[illegible] की मूर्ति हमेशा रखें तथा निरंतर उसे खुश रखने के लिए नए-नए तरीके [illegible] रहें।

समाज/देश—मनुष्य एक सामाजिक प्राणी है तथा हम सब बहुत [illegible] सुविधाओं का आनंद लेते हैं, जो जीने के लिए बहुत जरूरी हैं। हालाँ[illegible] उन सुविधाओं को उत्पन्न अथवा उत्पादित करने में कोई योगदान [illegible] परंतु उसका लाभ पूरे समाज को मिलता है, जैसे—किसान, डॉ[illegible] इंजीनियर आदि। इसलिए हमारा भी यह फर्ज है कि हम समाज[illegible]

अपना योगदान दें; क्योंकि यदि हम ऐसा न कर पाए तो हम में और जानवरों में शायद कोई अंतर नहीं होगा।

ईश्वर—हमारी जिम्मेदारी है उस प्रभु के प्रति जिसने इनसान को बुद्धि रूपी वरदान दिया है। जो विश्वास उसने इनसान पर रखा है हम उसका सदुपयोग करें, अपने एवं दूसरों का जीवन आनंदमय बनाने के लिए। यह हमारी जिम्मेदारी है कि हमें बनाने के बाद उसे अपनी बनाई सृष्टि पर नाज हो तथा हम सब इस दुनिया को इतना सुंदर बनाएँ कि देवता भी धरती पर बसने को आतुर हो जाएँ।

अंततः मैं यही कहना चाहूँगा कि ये छह ग्राहक एक दूसरे से जुड़े हैं और एक दूसरे पर आश्रित हैं। किसी एक को भी अनदेखा करना इस पूरी कड़ी को प्रभावित कर सकता है। इन छह ग्राहकों की क्रम संख्या आप अपनी पसंद के अनुसार रख सकते हैं, परंतु किसी एक को भी न कम करें और न कम आँकें।

मेरा मानना है कि यदि कोई व्यक्ति खुद तो बहुत खुश है, परंतु उसका परिवार ...श नहीं, उसके साथ काम करने वाले खुश नहीं और उसके पड़ोसी उससे तंग ... ऐसा व्यक्ति पागलखाने में भरती होने लायक है। इसलिए यदि मेरे ग्राहक ... रहकर खुश हैं, तभी मैं अपने जीवन एवं कार्यक्षेत्र में सफल साबित

...ादमी का क्या होता है?

...िनार खत्म होने के बाद मेरे पास आए और बोले, "आपसे ... हूँ।" मैंने कहा, "पूछिए।" वे बोले, "मरने के बाद ...मैंने थोड़ा रुककर और मुसकराकर उनसे कहा, "सर, ...वाल आप गलत आदमी से पूछ रहे हैं?" वह ...सुना है और मैं समझता हूँ कि आप इस पर ...मैंने कहा, "देखिए श्रीमान, सबसे पहले ... है, परंतु मरने के बाद आदमी का क्या ... भगवान् की कृपा से मरा नहीं हूँ।" ...बात कर रहे हैं? आप शायद मजाक कर

रहे हैं।'' मैंने गंभीर होते हुए कहा, ''नहीं सर, मैं बिलकुल गंभीर हूँ और वास्तव में मैं यह भी नहीं जानता कि मरने के बाद आदमी का होता क्या है? मुझे पूरा विश्वास है कि आप भी इस वास्तविकता को बखूबी जानते होंगे।'' पर वह अपने प्रश्न पर अड़े रहे। मैंने कहा, ''देखिए सर, यदि आप हिंदू हैं तो आपका दाह संस्कार कर देंगे और यदि आप मुसलमान या ईसाई हैं तो आपको दफना दिया जाएगा।'' वह बोले, ''नहीं-नहीं, मैं इसकी बात नहीं कर रहा, मैं आत्मा की बात कर रहा हूँ। आत्मा का क्या होता है?'' मैंने कहा, ''सर, आत्मा का क्या होता है, यह जानकारी आपको 'आस्था चैनल' पर मिल सकती है। मुझे इस बारे में कोई अनुभव या जानकारी नहीं है।'' फिर मैंने उनसे पूछा, ''पर मरने के पहले क्या होता है, ये नहीं पता होना चाहिए क्या?'' ''क्या होता है?'' वह बोले। मैंने कहा, ''साहब, मरने से पहले 'जीना' होता है, और जीने का मतलब है अपने आसपास के लोगों (ग्राहकों) को खुश रखना।''

यदि हम जीवित हैं और हमारे ग्राहक हमसे नाराज हैं तो जीने का क्या फायदा? मैंने अकसर कई लोगों को लाइब्रेरी में एक पुस्तक ढूँढ़ते हुए देखा है, जिसका नाम है 'लाइफ आफ्टर डेथ' यानी मृत्यु के बाद का जीवन। लोगों को मरने के बाद के जीवन की चिंता ज्यादा रहती है। जो सामने है, हाथ में है, उस पर वह ध्यान देना उतना आवश्यक नहीं समझते हैं।

यदि हम अपने पहले 5 ग्राहकों को खुश रख सकें तो छठा अर्थात् ईश्वर हमसे अवश्य प्रसन्न रहेगा। परंतु हम छठे ग्राहक की चिंता सबसे ज्यादा करते हैं। हमें समझना चाहिए कि हम उनके भरोसे हैं, वे हमारे भरोसे नहीं; इसलिए हमें ईश्वर की चिंता छोड़ अपने कार्य को निष्ठापूर्वक करना चाहिए। मेरे कहने का तात्पर्य यह नहीं कि ईश्वर पर आस्था रखना या पूजा करना छोड़ दें, बल्कि मेरा कहना है कि जितनी आस्था और लगन हम धार्मिक पर्वों और अनुष्ठानों में दिखाते हैं, उतनी ही लगन हमें काम में, अपनी फैक्टरी में, अपने कार्यस्थान पर दिखानी चाहिए। हम अपनी जिम्मेदारी का निर्वाह पूरी निष्ठा, लगन एवं उत्साह के साथ करें तो वह दिन दूर नहीं, जब हमारा देश तरक्की के शिखर पर होगा और दुनिया के अग्रणी देशों में हमारा नाम होगा।

राम भरोसे

मेरे एक मित्र है, जिनका नाम है—'राम भरोसे'। जैसा उनका नाम, वैसा ही उनका स्वभाव, वे पूरे राम भरोसे ही हैं। कुछ समय पहले वह भगवान् से एक विशेष प्रार्थना कर रहे थे, "हे भगवान, मेरी एक करोड़ की लॉटरी लगा दीजिए।" मैं कभी-कभी उन्हें परामर्श देता कि जब माँगना ही है तो सौ करोड़ की लॉटरी क्यों नहीं माँगते। परमात्मा के पास कोई कमी नहीं है, उन्हें कौन सा दस से छह बजे तक की ड्यूटी करके एक करोड़ रुपए जमा करके आपको देना है। उन्हें तो सिर्फ कहना है—'तथास्तु', तो फिर सौ करोड़ की लॉटरी क्यों नही, सिर्फ एक करोड़ क्यों? परंतु वह लालची नहीं थे, इसलिए शायद सिर्फ एक करोड़ की लॉटरी लगने की ही प्रार्थना करते थे। वह नित्यप्रति मंदिर जाते, भगवान् की सेवा करते, धूप-अगरबत्ती दिखाते, पर भगवान् उनकी प्रार्थना पर तनिक नहीं पसीजते। दो साल गए। एक रात राम भरोसे को सपना आया, उसने देखा कि भगवान् आए और उन्होंने प्रिय भक्त राम भरोसे के सिर पर हाथ फेरते हुए कहा, "राम भरोसे, तू दो साल से निरंतर मुझसे एक करोड़ की लॉटरी लगाने की प्रार्थना कर रहा है। तू मेरा भक्त है और मैं चाहता भी हूँ कि तेरी लॉटरी लगवा दूँ, लेकिन पुत्र कम-से-कम लॉटरी का एक टिकट तो खरीद। भला, बिना टिकट के कभी लॉटरी लगती है क्या?"

इसी तरह एक और व्यक्ति की कहानी, जो सिर्फ भगवान् पर भरोसा करना जानता था अपने कर्म पर नहीं। जिसका फल उसे कुछ इस तरह मिला—

नयनसुख

नदी किनारे के एक गाँव में नयनसुख नामक आलसी व्यक्ति रहता था, जिसकी भगवान् में अपार आस्था थी। एक बार मौसम विभाग द्वारा आपात् सूचना प्रसारित की गई कि गाँव में बाढ़ आने का खतरा है। इसलिए गाँववालों को सुरक्षित स्थानों पर जल्दी-से-जल्दी पहुँचाने की चेतावनी दी गई।

सभी गाँववाले शीघ्रतापूर्वक अपना सामान लेकर सुरक्षित स्थानों की ओर चल पड़े, किंतु नयनसुख ने कहा कि "जाको राखे साँइयाँ, मार सके न कोइ।"

एक अनजान व्यक्ति नयनसुख के घर के सामने रुका तथा उसे अपनी गाड़ी में सुरक्षित स्थान पर पहुँचाने की पेशकश की, जिसे नयनसुख ने वही वाक्य, "जाको राखे साँइयाँ, मार सके न कोइ" कहकर ठुकरा दिया।

कुछ ही दिनों में गाँव में बाढ़ का पानी भरना शुरू हो गया। नयनसुख अपने घर के प्रथम तल पर चले गए, तभी एक कश्ती पर एक युवक वहाँ पहुँचा तथा मदद की पेशकश की। परंतु नयनसुख ने कहा, "यही तो परीक्षा की घड़ी है—जाको राखे साँइयाँ, मार सके न कोइ।" जब बार-बार कहने पर भी वह नहीं आए तो कश्ती वाला चला गया। थोड़ी देर बाद बाढ़ का पानी इतना बढ़ गया कि नयनसुख को अपने घर की छत पर जाना पड़ा, तभी एक खोजी हेलीकॉप्टर ने नयनसुख को देखा तथा सहायता के लिए रस्सी लटकाई और नयनसुख से उस पर चढ़ने का आग्रह किया। परंतु नयनसुख ने फिर इस मदद की पेशकश को ठुकरा दिया तथा वही वाक्य दोहराया, "जाको राखे साँइयाँ, मार सके न कोइ।" हेलीकॉप्टर की भी अपनी सीमा है। कुछ समय बाद वह भी चला गया। कुछ समय बाद पानी इतना बढ़ गया कि नयनसुख उसमें डूबकर मर गया।

स्वर्ग में नयनसुख प्रभु की ओर पीठ कर मुँह फुलाए खड़ा था। भगवान् ने जब नाराजगी का कारण पूछा तो नयनसुख ने कहा, "मैंने जिंदगी भर आपकी पूजा की, आप पर विश्वास रखा। यहाँ तक कि अपनी जान की भी परवाह नहीं की और अंत में मुझे डूबकर मरना पड़ा।" भगवान् ने कहा, "नयनसुख, सबसे पहले तो मैंने चेतावनी प्रसारित करवाई, जो तुमने अनसुनी कर दी। फिर मैं गाड़ी लेकर पहुँचा तथा कश्ती भी भिजवाई, पर फिर भी तुमने बात नहीं सुनी। अंत में मैं हेलीकॉप्टर से भी आया, पर तुमने रस्सी नहीं पकड़ी, तो बताओ मैं क्या करता?"

इस कहानी का अर्थ यही है कि यदि प्रभु हमारी सहायता करना भी चाहें तो मौकों के रूप में ही करते हैं। इसलिए हमें चाहिए कि अपना मानसिक स्विच ऑन रखें तथा आने वाले मौकों को पहचानें और उन्हें हाथ से न जाने दें।

"भगवान् भी उन्हीं की मदद करते हैं, जो अपनी मदद खुद करते हैं।"

अकसर लोगों की प्रवृत्ति इसी प्रकार की होती है। वे अपने हिस्से की

जिम्मेदारी पूरी नहीं करते और भगवान् से मदद की गुहार करते रहते हैं। वे भूल जाते हैं कि भगवान् भी उन्हीं की मदद करते हैं, जो अपनी मदद खुद करते हैं। मैं अकसर लोगों से कहता हूँ कि भगवान् पर भरोसा जरूर करें, पर अपनी कार को ताला लगाकर जाएँ। कम-से-कम कार की चौकीदारी की जिम्मेदारी तो ऊपर वाले पर न डालें। जो कार्य आप स्वयं कर सकते हैं, उसे तो निपटा लें। यदि जिम्मेदारियों के प्रति हमारी अपनी जागरूकता बढ़ जाए तो कोई कारण नहीं कि हमारे जीवन में खुशी एवं सफलता का प्रवेश न हो। अकसर दिक्कत तब आती है, जब हम अपने हालात के लिए किसी और को जिम्मेदार समझते रहते हैं, जबकि स्वयं की आदतों की ओर ध्यान नहीं देते। हमारी परिस्थितियाँ, उनके कारण और परिणाम सबके जिम्मेदार हम स्वयं, हमारी आदतें, हमारे चुनाव, हमारी धारणाएँ, हमारे व्यवहार के तरीके होते हैं। माता-पिता, शिक्षा, समाज, सरकार या किस्मत को दोष देने से हालत एवं हालात में कोई सुधार नहीं होता।

तीन प्रकार के व्यक्ति

काफी सोच-विचार और गहन विश्लेषण के पश्चात् मैंने पाया कि व्यक्ति तीन प्रकार के होते हैं—

1. दूसरों पर दोष लगाने वाले : ऐसे व्यक्ति अपने साथ होने वाली प्रत्येक गलत घटना के लिए किसी और व्यक्ति को दोषी मानते हैं, स्वयं को नहीं। ऐसे व्यक्ति को हमेशा दूसरों से कोई-न-कोई शिकायत रहती है, उन्हें हर काम में कोई-न-कोई कमी दिखाई देती है। उदाहरण के लिए, कुछ पिता बच्चे के इम्तिहान में कम नंबर लाने पर हमेशा अपनी पत्नी को ही ताना मारते हैं, "देखो, तुम्हारी संतान के कितने कम नंबर आए हैं।" और यदि अच्छे नंबर आ जाएँ तो वे बड़े गर्व से सीना फुलाकर कहते हैं, "आखिर बच्चा किसका है। मैं जो दिन-रात तुम सब के लिए मेहनत करता हूँ, तो नंबर अच्छे कैसे नहीं आते!" ऐसे व्यक्ति हर अच्छी बात का श्रेय स्वयं लेने को तैयार रहते हैं। परंतु कुछ भी गलत होने पर किसी-न-किसी पर इसकी जिम्मेदारी थोप देते हैं।

2. बहाने बनाने वाले : इस दूसरी श्रेणी के व्यक्ति हमेशा काम न करने

का बहाना अपने पास तैयार रखते हैं। ऐसे व्यक्ति अकसर 'बेचारा' प्रवृत्ति के होते हैं तथा लोगों से सहानुभूति बटोरने के अवसर ढूँढ़ते रहते हैं, जिससे मुझे नहीं लगता कि उन्हें कोई सुअवसर प्राप्त होता होगा। ऐसे लोगों का अकसर हर बात का जवाब 'न' में होता है और वे उस 'न' का एक कारण भी आप को जरूर बता देते हैं कि या तो उनके अनुसार वह काम होता ही 'असंभव' की श्रेणी में है अथवा वे स्वयं को उसको करने के काबिल नहीं समझते, दोनों तरह की संभावनाएँ हो सकती हैं। ऐसे व्यक्ति कभी भी उच्च लक्ष्यों को बनाने और उन्हें प्राप्त करने में सफल या सहायक नहीं होते। कभी स्वास्थ्य, कभी वाहन, कभी ठंड, कभी गरमी, कभी किसी चीज की कमी, कभी सहयोग का अभाव तो कभी जानकारी का अभाव कुछ ऐसे कारण हैं, जो ऐसे लोगों के प्रत्येक वाक्य में जरूर इस्तेमाल होते हैं। 'लेकिन' और 'परंतु' के बिना इनका कोई भी वाक्य पूरा नहीं हो पाता। अकसर आलसी तथा असफल व्यक्ति बहाने बनाने की बुरी आदत का शिकार रहते हैं। मेरा मानना है कि बहाना बनाना सबसे आसान काम है, जिसे निकम्मे लोग एक हथियार की तरह इस्तेमाल करते हैं।

उदाहरणस्वरूप, यदि चोर से हम पूछें कि उसने चोरी क्यों की तो उसका जवाब होगा कि बेरोजगारी की वजह से या उसे बीमार माँ के लिए दवा चाहिए थी। कुछ का जवाब तो फिल्मी अंदाज में होगा कि उसके सामने सिर्फ दो ही रास्ते बचे थे 'चोरी' या 'भीख' और भीख माँगना उसके जमीर के खिलाफ है। पर इसका मतलब यह भी नहीं कि चोरी करना भीख माँगने से ज्यादा अच्छी बात है।

इसी तरह खूनी से पूछा जाए कि खून क्यों किया तो उसके पास भी बहाना होगा, मैं अपने आपे से बाहर हो गया था। पर इसका मतलब यह तो नहीं कि खून करना अच्छी बात हो गई। इसी तरह सिगरेट पीनेवाला कहता है कि मेरा तनाव सिगरेट पीने से दूर होता है। उसके पास भी बहाना है कि तनाव में सिगरेट पीना दवा का काम करता है। इसका मतलब यह तो नहीं कि सिगरेट पीना बिलकुल सही बात है। हम मानें या न मानें गलत तो गलत ही होता है! मजे की बात यह है कि हम सबको मालूम है कि क्या सही और क्या

गलत, फिर भी बहाने क्यों?

3. जिम्मेदार व्यक्ति : ये स्वयं को हालात के साथ बदल लेते हैं और स्वयं में सुधार के किसी भी अवसर को हाथ से जाने नहीं देते। ऐसे व्यक्ति हर एक घटना से सीख लेते हैं तथा दूसरों पर दोषारोपण करने के बजाय स्थिति का कोई बेहतर हल निकालने की दिशा में काम करते हैं।

जो व्यक्ति जिम्मेदारी लेते हैं और उसका सफलतापूर्वक निर्वाह करते हैं, वे अपनी जिंदगी की हर राह में सफल होते हैं।

गिरे हुए सूप पर क्या रोना

एक बूढ़ा चीनी किसान कंधे पर लाठी रखे सड़क पर चला जा रहा था। लाठी के सिरे पर सोयाबीन-सूप से भरा एक बरतन लटक रहा था। उसे ठोकर लगी और बरतन गिरकर टुकड़े-टुकड़े हो गए। बूढ़ा किसान बिना परेशान हुए चलता रहा। एक आदमी दौड़कर उसके पास आया और उत्तेजित स्वर में बोला, ''अरे, तुम्हें पता नहीं कि तुम्हारा बरतन गिरकर टूट गया और सारा सूप सड़क पर फैल गया?''

''हाँ'' किसान ने कहा, ''मैं जानता हूँ। मैंने इसके गिरने की आवाज सुनी। बरतन टूट चुका है। सूप गिर चुका है। अब मैं इसके बारे में क्या कर सकता हूँ?''

मेरी माताजी को दामाद दिला दो

हमारे पड़ोस में एक कुँवारी लड़की रहती है, जो दिन-रात बस एक ही प्रार्थना करती रहती है, ''हे भगवान्! कृपया मेरी माताजी को अच्छा दामाद दिला दो।'' कई लोगों ने उससे कहा कि वह सीधा क्यों नहीं कहती कि मेरी शादी करा दो। उसका सीधा सा जवाब होता, ''नहीं, मुझे कोई जल्दी नहीं है, मेरी माताजी को जल्दी है।'' ऊपर वाले ने उसकी सुन ली और उसकी छोटी बहन की शादी हो गई।

सारांश यह है कि ऊपर वाले को बेवकूफ मत समझिए। यह सोचना कि

हम प्रसाद चढ़ाकर या गंगा नहाकर या भेंट चढ़ाकर उसके आगे दिखावा कर सकते हैं या उसे रिश्वत देकर अपना काम करवा सकते हैं, तो यह गलत सोच है। मेरा मानना है कि ऊपरवाला यह नहीं देखता कि आप पूजा-स्थान में कैसा व्यवहार करते हैं, बल्कि यह देखता है कि अपने काम के प्रति आपकी निष्ठा कैसी है, उसे पूरा करने में आप कितनी ईमानदारी बरतते हैं? इसके अलावा क्या आप जिम्मेदारियों को बखूबी समझते हैं? उनका निर्वाह किस प्रकार करते हैं? याद रखें, ईश्वर हमारे कर्मों और दायित्वों के निर्वाह के अनुसार ही हम पर अपनी कृपा बरसाता है, क्योंकि भगवान् हमारे लिए नहीं बल्कि हमारे साथ काम करता है।

जिम्मेदारी का एहसास

एक गाँव में मेला लगा हुआ है और वहाँ कुआँ है, जिसमें पाट नहीं है। एक आदमी उस कुएँ में गिर गया है और चिल्ला रहा है कि मुझे बचाओ। उसी समय वहाँ से एक बौद्ध भिक्षु निकलता है। भिक्षु नीचे झाँककर देखता है कि वह आदमी तो मेरा छोटा भाई है।

वह चिल्ला रहा है, ''भिक्षुजी, मुझे बाहर निकालिए। मैं मर रहा हूँ। मैं तैरना भी नहीं जानता, जिससे ज्यादा देर बच भी नहीं सकता। ईंट को कितनी देर पकड़े रहूँगा।'' भिक्षु कहता है, ''निकलकर भी क्या करोगे, बाहर भी दुःख है। सब जगह दुःख है। जो कुएँ के बाहर हैं, वे भी एक बड़े कुएँ में पड़े हुए हैं और भगवान् बुद्ध ने कहा है, दुःख तो जीवन है, तो जीवन से मुक्त हुए बिना दुःख से कोई बाहर हो नहीं सकता। कुएँ से भी निकलकर क्या करोगे? जीवन से निकलने की कोशिश करो।'' आदमी चिल्लाता है, ''मैं आपके उपदेश सुनूँगा। पहले मुझे बाहर निकाल दें।'' लेकिन वह भिक्षु कहता है, ''यह भी भगवान् ने कहा है कि दूसरे के कामों के बीच में बाधा नहीं आनी चाहिए। मैं तुम्हें बचा लूँ और तुम चोरी करो और हत्या कर दो तो जिम्मेदार मैं भी हो जाऊँगा। मैं अपने रास्ते जाता हूँ। तुम अपने रास्ते जा रहे हो। हमारा रास्ता कहीं मिलता ही नहीं। मेरे अपने कर्मों की धारा है।'' वह भिक्षु आगे चला जाता है।

उसके पीछे कंफ्यूशियस को मानने वाला एक दूसरा भिक्षु आता है। वह नीचे झाँककर देखता है। मरता हुआ आदमी कहता है, ''मुझे बचाओ!'' कंफ्यूशियसवादी कहता है, ''मैं तुम्हें बचाऊँगा जरूर, तुम घबराओ मत। कंफ्यूशियस ने अपनी किताब में लिखा है कि हर कुएँ के ऊपर पाट जरूर होना चाहिए। जिस कुएँ के ऊपर पाट न हो, जिस राज्य में बिना पाट के कुएँ हों, वह राजा अधर्मी है। तुम घबराओ मत, हम आंदोलन चलाएँगे। हर कुएँ पर पाट बनवा देंगे। तुम निश्चिंत रहो।'' वह आदमी कहता है, ''मैं निश्चिंत कैसे रहूँ? पाट जब तक बनेंगे, उस समय तक तो मैं मर ही जाऊँगा।'' कंफ्यूशियसवादी कहता है, ''सवाल तुम्हारा नहीं, सवाल समाज का है, सवाल सब का है। मैं सबकी सेवा में संलग्न हूँ। एक-एक आदमी की सेवा कहाँ से करूँगा और एक-एक आदमी की सेवा करूँगा तो समाज का क्या होगा? तुम निश्चिंत रहो। मैं जाता हूँ। मेले में अभी आंदोलन चलाता हूँ।'' वह आदमी मेले में चला जाता है। मंच पर खड़े होकर लोगों को समझाने लगता है, हर कुएँ का पाट होना चाहिए। जो कुएँ पर पाट बनवाता है, बड़ी सेवा करता है। जिस राज्य में कुएँ पर पाट नहीं है, वह राजा बड़ा अधर्मी है।

उसके जाने के बाद एक व्यक्ति उस कुएँ के पाट पर आता है। वह नीचे झाँककर देखता है। नीचे आदमी चिल्लाता है। वह झोले से रस्सी निकालता है। रस्सी बाँधकर कुएँ में डालता है एवं उस आदमी को निकालकर बाहर लाता है।

जिम्मेदारी का अर्थ है सकारात्मक पहल करना, स्थिति एवं परिस्थिति में सुधार लाने के लिए किया गया रचनात्मक कार्य, न कि किसी पर दोष लगाकर या बहाने बनाकर अपना पल्ला झाड़ लेना।

जिम्मेदारी एक शक्ति

एक संन्यासी पहाड़ी रास्ते पर चला जा रहा था। प्रचंड गरमी थी और सूरज आग बरसा रहा था। तेज धूप और ऊपर से सामान के बोझ से संन्यासी पसीने से तरबतर हो रहा था। संन्यासी के कंधे पर उसकी किताबें, उसके कपड़े-लत्ते तथा उसके बिस्तर का बोझ था। संन्यासी ने माथे से पसीना पोंछा। थकावट हो

जाने से थोड़े विश्राम के लिए रुका, तभी उसने देखा कि उसी रास्ते पर एक पहाड़ी लड़की भी चल रही है, जिसकी उम्र लगभग पंद्रह साल है। उसने अपने कंधे पर एक स्वस्थ बच्चे को बिठा रखा है। लड़की पसीने से लथपथ है और हाँफ भी रही है। संन्यासी को दया आ गई। उसने उस लड़की के कंधे पर हाथ रखा और कहा, "बेटी! बहुत बोझ मालूम पड़ रहा होगा तुझे?" उस लड़की ने नीचे से ऊपर तक संन्यासी को आश्चर्य से देखा और कहा, "क्या कहते हैं आप स्वामीजी! बोझ तो आप लिये हुए हैं, यह तो मेरा छोटा भाई है।"

जिम्मेदारी एक एहसास है, जो कुछ लोगों में होता है और कुछ में नहीं होता। जिम्मेदारी केवल अतीत की नहीं, बल्कि वर्तमान और भविष्य की भी लेनी होती है।

जिम्मेदार व्यक्ति की पहचान

दोष नहीं लगाता, बहाने नहीं बनाता और कुछ अच्छा करके दिखाता है। जरूरी नहीं कि जिम्मेदारी का पद से कोई लेना-देना हो, क्योंकि कुछ लोगों द्वारा कोई पद न होते हुए भी जिम्मेदारी का निर्वाह किया जाता है तथा कुछ लोग जिम्मेदारी के पद पर होते हुए भी गैर-जिम्मेदारी का आचरण करते हैं। जिम्मेदारी सिर्फ दी नहीं जा सकती, बल्कि लेनी होती है। जैसे भगत सिंह, विवेकानंद, सुभाष चंद्र बोस इत्यादि। उन्होंने देश को आजाद कराने की जिम्मेदारी खुद ली थी, न कि उन्हें यह जिम्मेदारी दी गई थी।

□

*प्रेरणा यहीं कहीं आपके पास हो सकती है,
आवश्यकता सिर्फ इसकी थोड़ी सी तलाश करने की है।*

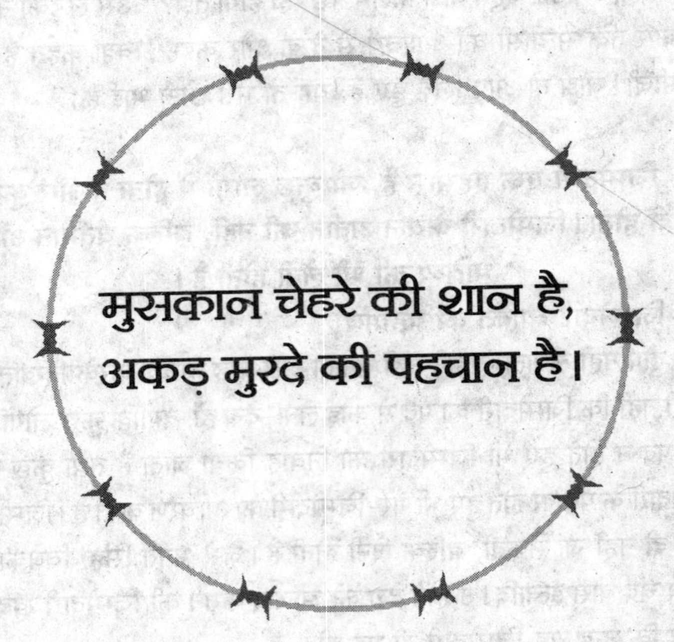
मुसकान चेहरे की शान है,
अकड़ मुरदे की पहचान है।

उत्साह का जादू

क्या आप उत्साहित हैं?

मैं अपने सेमिनार में एक प्रश्न पूछता हूँ, "क्या आप उत्साहित हैं?" अकसर लोगों का जवाब होता है कि कभी-कभी जब जीवन में कुछ नया होता है, तब ही हम उत्साहित होते हैं अन्यथा रोज कौन उत्साहित होता है। रोज-रोज वही एक जैसा घर, काम, पति-पत्नी, बॉस, सहकर्मी, कार्य-स्थान, रोज सब वही का वही, फिर उत्साह कैसे आए जीवन में?

पर यदि हम केवल कुछ नया होने पर उत्साहित एवं खुश होंगे तो हमारे खुश होने के मौके एक जीवन में 30-40 से अधिक नहीं हो सकते। एक व्यक्ति कितनी बार नौकरी-व्यवसाय बदलेगा, कितनी बार शादी करेगा, कितने घर या फिर कितनी कार खरीदेगा और तो और, उसके कितने बच्चे होंगे। जो लोग एक जैसी चीजें होने या करने से बोर हो जाते हैं या हो गए हैं, उनका जीवन प्रफुल्लित नहीं हो सकता। आप को कैसा लगेगा यदि कोई सर्जन सर्जरी करने से बोर हो जाए, पायलट जहाज उड़ाने से बोर हो जाए, तेंदुलकर रन बनाने से बोर हो जाए या फिर पति-पत्नी एक-दूसरे से बोर हो जाएँ।

यदि उत्साहित रहना है तो बोर होने की आदत को छोड़कर अपना स्विच ऑन करें और जीवन में रोज मिलने वाली छोटी-छोटी खुशियों का नित्य आंनद लें; क्योंकि किसी ने सच कहा है, "जीवन में बड़ी-बड़ी खुशियों के अवसर बहुत कम होते है, लेकिन छोटी-छोटी खुशियों के मौके हजार होते हैं।" अतः अपना मानसिक स्विच ऑन रखें, ताकि बड़ी-बड़ी खुशियों के

इंतजार में कहीं हमारे हाथ से छोटी-छोटी खुशियों के अवसर न निकल जाएँ।

हँसो कि तुम्हारा पूरा जीवन एक हँसी बन जाए। इस भाँति जियो कि पूरा जीवन एक मुसकराहट बन जाए। इस भाँति जियो कि आसपास के लोगों की जिंदगी में भी एक मुसकराहट फैल जाए। इस भाँति जियो कि सारी जिंदगी एक हँसी के खिलते हुए फूलों की कतार बन जाए।

हँसते हुए एक आदमी ने कभी पाप किया है? बहुत मुश्किल है कि हँसते हुए आदमी ने किसी की हत्या की हो, हँसते हुए आदमी ने किसी को भद्दी गाली दी हो, हँसते हुए आदमी ने कोई अनाचार, कोई व्यभिचार किया हो। हँसते हुए आदमी और हँसते हुए क्षण में पाप असंभव है। सारे पाप के पीछे उदासी, दुःख, अँधेरा, बोझ, भारीपन, क्रोध, घृणा—यह सब चाहिए। अगर एक बार हम हँसती हुई मानवता को पैदा कर सकें तो दुनिया के नब्बे प्रतिशत पाप तत्क्षण कम हो जाएँगे। जिन लोगों ने पृथ्वी को उदास किया है, उन लोगों ने पृथ्वी को पापों से भर दिया है।

मुसकराहट भी इतनी महँगी बात है क्या? क्या खर्च करना पड़ता है? अंग्रेजी में एक कहावत है 'इट कॉस्ट्स नथिंग टू बी काइंड।' प्रेमपूर्ण होने में कुछ भी तो खर्च नहीं करना पड़ता। और मजा यह है कि प्रेमपूर्ण होने से कितना मिल जाता है। मुफ्त में उसका कोई हिसाब रखना मुश्किल है कि कितना मिल जाता है। एक अपरिचित रास्ते पर जरा सी मुसकराहट और कितनी मुसकराहटें वापस लौट आती हैं। कैसे उनकी सुगंध अंदर तक प्रेरित कर जाती है। कैसे उनका गीत प्राणों में बजने लगता है और कैसे प्राणों की वीणा पर कोई बात तरंगित होने लगती है।

यह मत पूछें कि हम क्या करें और कैसे प्रफुल्लित हो जाएँ। प्रफुल्लित, उठते- बैठते ध्यान रखें कि जहाँ भी हँसा जा सकता है, जरूर हँसना है; जहाँ खुश हुआ जा सकता है, वहाँ जरूर खुश होना चाहिए। थोड़ी सी दिशा चाहिए व्यक्तित्व को। अगर यह उपलब्ध हो जाए तो जीवन का सत्य उन्हीं को प्राप्त होगा, जो जीवन के सत्य के प्रति आनंद और खुशी से भरे हुए यात्रा करते हैं।

सुबह आप उठ जाते हैं, कभी आपने सोचा कि सुबह उठने के बाद आपने क्या किया है? कभी आपने सोचा कि सुबह उठते ही पहला काम जीवन के प्रति एक आनंद और अहोभाव की नजर हो! क्या सुबह उठते ही आपने जीवन और परमात्मा को धन्यवाद दिया है कि फिर एक दिन, फिर एक दिन उपलब्ध हुआ है। फिर जीवन, फिर आँखें खुल गईं, फिर अँधेरे से प्रकाश, फिर निद्रा से जागरण! कभी-कभी इसके लिए कोई कृतज्ञता का भाव मन में जगा है? सुबह उठकर कभी धन्यवाद दिया है हाथ जोड़कर अनंत को, कि फिर एक दिन मुझमें, जिसकी कोई पात्रता न थी, जो कल सोया था तो यह नहीं मान सकता था कि एक और दिन मिलेगा। जो नहीं मान सकता था, कोई अधिकार न था, जिसकी कोई योग्यता न थी, जिसका कोई सामर्थ्य न था कि एक दिन और मिलेगा, उसे फिर एक दिन मिल गया है फिर जीवन मिल गया है।

लेकिन नहीं, जीवन के प्रति हम में न कोई भाव, न कोई कृतज्ञता, न ही कोई आभार है। जीवन मिलता है और हम सड़ी-गली चीजों के प्रति कृतज्ञता ज्ञापन करते हैं। कोई एक व्यक्ति आकर मुझे चार पैसे का रूमाल भेंट कर जाता है तो मैं कहता हूँ धन्यवाद! और जीवन भर हम में कभी धन्यवाद का भाव भी नहीं उठता, कभी खुशी भी नहीं प्रकट होती, कभी आनंद भी नहीं उठता।

आभार की मनोवृत्ति

एक बादशाह था। उसके पास एक बूढ़ा नौकर था, जो जीवन भर उसके साथ रहा था। उस बूढ़े नौकर से ऐसा प्रेम था उसका कि रात को भी वह बूढ़ा नौकर उसके कमरे में ही सोता, उसके साथ ही यात्रा करता। युद्ध के मैदान पर भी साथ रहता, महलों में भी साथ होता। बादशाह जब सम्राटों के घर मेहमान बनता तो भी वह बूढ़ा बादशाह के साथ रहता।

दोनों एक दिन शिकार खेलने गए। वे रास्ता भटक गए और जंगल में खो गए। एक वृक्ष के नीचे थोड़ी देर उन्होंने विश्राम किया। उस वृक्ष में एक

फल लगा हुआ था। बादशाह जब घोड़े पर बैठा तो उसने हाथ बढ़ाकर वह फल तोड़ लिया। उसने चाकू से उस फल की एक फाँक निकाली और जैसी उसकी आदत थी, उसने एक फाँक निकाल उस बूढ़े को चखने को दी।

उस बूढ़े ने कहा, ''अद्‌भुत! ऐसा फल तो कभी चखा ही नहीं। एक और देंगे महाराज?'' दूसरी फाँक और उसने तीसरी भी माँगी, और बादशाह देता चला गया, फिर ऐसी कृतज्ञता का भाव था उसकी आँखों में कि बादशाह उसे रोक भी नहीं सका। फिर एक ही फाँक बच गई और सिर्फ वही फल था उस वृक्ष पर। बादशाह से वह आखिरी फाँक भी माँगने लगा। बादशाह ने कहा, ''तू तो बड़ा पागल है। एक फाँक मुझे भी नहीं चखने देगा?'' ''नहीं।'' वह कहने लगा। ''नहीं, महाराज! बहुत ही स्वाद है। आपको नहीं चखने दूँगा।'' हाथ से छीनने लगा तो बादशाह को क्रोध आया। उसने कहा, ''यह तो हद हो गई। पूरा फल तू खा गया, इतनी प्रसन्नता और इतना सुस्वाद होने की चर्चा करता है तो एक फाँक मुझे चखने नहीं देगा?'' लेकिन उस नौकर ने तो उस आखिरी फाँक को भी हाथ से छीनना चाहा।

बादशाह ने कहा, ''नहीं, यह तो हद हो गई। इतनी फाँकें तुझे दीं, यह भी हद थी, लेकिन मैं यह नहीं सोच सका कि एक फाँक भी तू मेरे लिए नहीं छोड़ेगा।'' लेकिन वह नौकर कहने लगा, ''नहीं, महाराज!'' उसकी आँख में आँसू आ गए। कहने लगा, ''नहीं-नहीं, मुझे दे दें।'' लेकिन बादशाह ने जबरदस्ती मुँह में वह फाँक रख ली। वह तो कड़वा जहर था। उसने कहा, ''तू कैसा पागल है, यह तो बिलकुल जहर है। तू इसे क्यों खा रहा है?''

उस बूढ़े ने कहा था, ''जिन हाथों से बहुत मीठे फल खाने को मिले, उनसे एक कड़वे फल की शिकायत करूँ? नहीं-नहीं, मैं इतना अकृतज्ञ नहीं हूँ कि एक कड़वे फल के लिए शिकायत करूँ। फिर आपके हाथ से आता था वह फल, जीभ ने कहा होगा कड़वा, आत्मा ने नहीं कहा। जिन हाथों से इतने मीठे फल खाए, उन हाथों के एक कड़वे फल की शिकायत! नहीं, मैं इतना अकृतज्ञ नहीं हूँ।''

लेकिन हम सब इतने ही अकृतज्ञ हैं। जीवन के असीम आनंदों की वर्षा

हुई, उसका हमें कोई बोध नहीं, लेकिन जरा सी गड़बड़ हुई और हम ग्लानि से भर जाते हैं। यह पहल, जीवन को देखने का यह ढंग, उदास और दुःखी होने की तैयारी है। मानव उदास है, क्योंकि उसके जीवन को देखने का ढंग गलत है। अगर मुदिता को उपलब्ध होना है तो जो मिल रहा है, उसके लिए धन्यवाद को गहरा करना होगा। जो पाया है, उसके लिए कृतज्ञता को ज्ञापन करना होगा। जो मिला है, जो मिलता रहा है, जो बरस रहा है चौबीस घंटे, उस असीम आनंद की राशि के लिए भाव-प्रशंसा, अनुग्रह, कृतज्ञ हो तो हम उत्साहित हो सकते हैं, आनंदित हो सकते हैं।

अधिकतर समस्याएँ नए विचारों के अभाव से उत्पन्न होती हैं।

मुदिता का अर्थ है—प्रफुल्लता, आनंदभाव, अहोभाव, प्रसन्नता। लेकिन आज तक धर्म के नाम पर सिखाई गई है उदासी, सिखाई गई है एक बोझिल गंभीरता। सिखाई गई एक तरह की चिंता। आदमी को छोड़कर शायद जगत् में कुछ भी उदास नहीं है, कुछ भी बोझिल और गंभीर नहीं है। सारा जीवन गीत गाता हुआ जीवन है।

सारा जीवन रंगों में, ध्वनियों में, कितनी मुद्राओं में प्रकट होता है। आदमी ही बोझिल है, उदास है। यह उदासी, यह बोझिलता, यह दुःख भाव, यह बिसूरना, यह अपने आपको बंद कर लेना और कहीं से फूल प्रकट न हो जाए, कहीं से मुसकराहट न प्रकट हो जाए, यह इतना भयभाव कैसे पैदा हो गया है?

एक आदमी के घर में अंधकार घिरा है। वह दो तरह से सोच सकता है—अंधकार कैसे कम हो या प्रकाश कैसे बढ़े? अगर उसने यह सोचा कि अंधकार कैसे कम हो तो उसका चिंतन चलेगा कि इस दिशा में अंधकार कैसे कम किया जाए, अंधकार को कैसे मिटाया जाए, अंधकार से कैसे लड़ा जाए?

और स्मरण रहे, अंधकार से न कोई लड़ सकता है और न अंधकार को कोई हरा सकता है, क्योंकि अंधकार है ही नहीं। अगर अंधकार होता तो हम

लड़ सकते थे, तोड़ सकते थे, मिटा सकते थे। जैसे अंधकार कैसे दूर किया जाए, इस दिशा में खोजबीन शुरू की, वह अंधकार पर अटक जाएगा। उसे प्रकाश का खयाल भी नहीं आएगा। उसका चित्त अंधकार पर अपने आप केंद्रित हो जाएगा।

वह सोचेगा, अंधकार को कैसे मिटाऊँ, कैसी तलवार ईजाद करूँ, कितनी शक्ति इकट्ठी करूँ कि अंधकार को निकालकर घर के बाहर कर दूँ। वह मर जाएगा, अंधकार नहीं मिट पाएगा। उसने अंधकार को मिटाने के लिए सीधा चिंतन शुरू किया, वह गलत है, क्योंकि अंधकार की कोई सत्ता नहीं है। इसलिए अंधकार पर सीधे कुछ भी नहीं किया जा सकता है। यदि हम चाहें भी तो बालटी भर-भर के अंधकार को बाहर नहीं फेंक सकते। इसका एक ही तरीका है कि प्रकाश उत्पन्न कर लिया जाए। अंधकार प्रकाश का नकारात्मक पहलू है, जो प्रकाश के अभाव से उत्पन्न होता है।

अंधकार का अस्तित्व प्रकाश की अनुपस्थिति से ज्यादा कुछ नहीं है। इसका एक ही तरीका है कि प्रकाश लाया जाए और उसके लिए अपने मानसिक पटल को विस्तृत करे तथा इसके स्विच ऑन रखें।

अंधकार एवं सूर्य

एक बार अंधकार प्रभु के पास सूर्य के प्रति अपनी शिकायत लेकर पहुँचा और कहा, "प्रभु, कृपया सूर्य को समझाएँ, इसने मेरा जीवन दूभर कर दिया है तथा इसके कारण मेरा अस्तित्व खतरे में है।" प्रभु ने सूर्य को संदेश भिजवाया तथा अंधकार की शिकायत के बारे में कहा। सूर्य ने इस शिकायत को सुनकर प्रभु से कहा, "मैं स्वयं आकर इस शिकायतकर्ता से मिलना चाहूँगा; क्योंकि मैंने आज तक जानते हुए किसी को दुःख पहुँचाने का काम नहीं किया।

"मुझे तो यह पता नहीं कि यह अंधकार कौन है और मैं उसे कैसे नुकसान पहुँचा रहा हूँ? आप उन्हें मेरे सामने बुलाएँ, ताकि मैं अपने द्वारा अनजाने में किए गए अपराध की माफी माँग सकूँ।" कहते हैं, प्रभु और सूर्य

ने सदियों अंधकार का इंतजार किया, लेकिन वह उनके सामने उपस्थित नहीं हो सका।

जिस तरह अंधकार प्रकाश के अभाव का नाम है, उसी तरह हमारे जीवन की अधिकतर समस्याएँ नए विचार के अभाव से उत्पन्न होती हैं। यदि हम अपना मानसिक स्विच ऑन करें तो हमें इन समस्याओं का समाधान अवश्य मिल सकता है।

कभी-कभी लोग मेरे सेमिनारों में पूछते हैं कि कैसे और कितनी बार अपना मानसिक स्विच ऑन करें; क्योंकि बार-बार कोई-न-कोई आकर इसे ऑफ कर देता है तो मेरा यह कहना होता है कि जितनी बार स्विच ऑफ होता है। उससे कहीं अधिक बार जरूरत है उसे ऑन करने की। गिरकर जो सँभल जाता है, वही मंजिल तक पहुँचता है और जो ऐसा नहीं कर पाता, वह मात्र रास्ते का पत्थर होकर रह जाता है।

□

जिंदगी है तो ख्वाब है, ख्वाब हैं तो मंजिलें हैं,
मंजिलें हैं तो फासले हैं, फासले हैं तो रास्ते हैं।
रास्ते हैं तो मुश्किलें हैं, मुश्किलें हैं तो हौसला है,
हौसला है तो विश्वास है, विश्वास है तो जीत है।
क्योंकि फाइटर हमेशा जीतता है।

—जावेद अख्तर

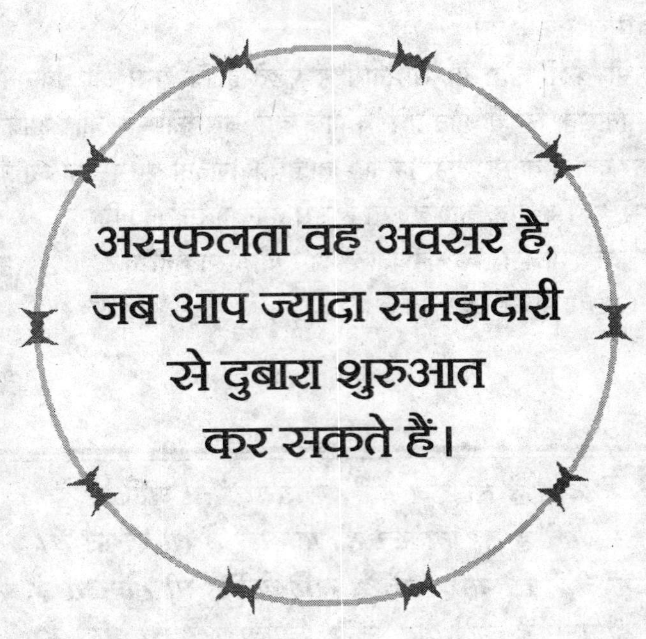
असफलता वह अवसर है,
जब आप ज्यादा समझदारी
से दुबारा शुरुआत
कर सकते हैं।

अपना मानसिक स्विच ऑन रखें

जीवन में सभी लोगों का उद्देश्य खुशी प्राप्त करना होता है। इस दुनिया में कोई भी व्यक्ति ऐसा नहीं जो कामयाबी के शिखर को नहीं छूना चाहता। सफलता और उपलब्धियाँ प्रिय हैं तो फिर क्या कारण है कि प्रत्येक व्यक्ति खुशी और कामयाबी हासिल नहीं कर पाता? सुख-संतुष्टि एवं सफलता पाना सबका लक्ष्य होते हुए भी सब इसे प्राप्त नहीं कर पाते और सबसे ज्यादा हैरानी की बात यह है कि अधिकतर लोगों में ज्ञान की कोई कमी नहीं होती, ज्ञान होते हुए भी उसकी झलक उनकी जिंदगी एवं उनके व्यवहार में नजर क्यों नहीं आती? क्या कारण है कि लोगों के अंदर अपार प्रतिभा के बावजूद वे उस शिखर तक नहीं पहुँच पाते हैं, जहाँ उन्हें होना चाहिए। क्यों कुछ लोगों की हालत उस भिखारी जैसी होती है, जो सारी जिंदगी जहाँ बैठकर भीख माँगता रहा, उसके मरने के बाद उसी जगह से करोड़ों का खजाना मिला। ऐसा क्यों? इस सवाल का जवाब मुझे तब मिला जब एक बार अचानक रात में सिर्फ हमारे घर की बिजली गुल हो गई। मेरे अनुसार लोगों की सफलता का अंतर उनमें ज्ञान की कमी नहीं, बल्कि छोटी-छोटी बातों में उनके 'मानसिक स्विच' का ट्रिप हो जाना है।

आपने भी देखा होगा, जब आपके घर या दफ्तर में कभी-कभी मेन स्विच ऑफ हो जाता है, तो सारी लाईटें, पंखें, एअरकंडीशनर, मशीनरी आदि बंद हो जाती हैं। रहती तो सब चीजें अपनी जगह पर हैं, दिखती भी वैसी ही हैं, पर काम नहीं करतीं। एक स्विच के ऑफ हो जाने से सब बंद हो जाता है, कोई काम नहीं करता। इसी तरह जब कभी हमारे जीवन में भी तनाव की स्थिति उत्पन्न

होती है तो हमारा मानसिक स्विच भी ट्रिप हो जाता है। हम अजीब सा अप्रत्याशित व्यवहार करने लगते हैं। उदाहरण के लिए, आपने भी देखा होगा कि कभी-कभी बॉस या ग्राहक से डाँट सुनने पर अकसर लोगों का कहना होता है—'यार मूड खराब हो गया' या 'आज मूड बड़ा खराब है।' उनके शब्दों से यह पता चलता है कि उनका स्विच ट्रिप हो गया है। ऐसे लोगों को मेरा सुझाव है कि जब उन्हें पता चलता है कि मूड खराब है तो क्यों न उसे ठीक कर लिया जाए। कभी-कभी आपके घर में बिजली का स्विच भी ट्रिप हो जाता है तो हम क्या करते हैं? क्या हम पड़ोसियों का फ्यूज भी निकाल देते हैं? यदि हमारी कमीज कहीं से गंदी हो जाए तो क्या हम अपनी कमीज को साफ करने के लिए किसी और के कपड़े से अपनी कमीज को रगड़ेंगे, नहीं न! तो फिर अपना मूड खराब होने पर अपना मूड ठीक करने के बजाय क्यों हम दूसरों का मूड खराब करते हैं, क्या यह सच नहीं है?

इसका मतलब यह नहीं है कि स्विच ट्रिप होना बुरी बात है या नहीं होना चाहिए। ऐसे लोग, जिनका किसी भी घटना से स्विच ट्रिप नहीं होता, अकसर पागलखाने में पाए जाते हैं। स्विच ट्रिप होना प्राकृतिक है। तनाव की स्थिति में स्विच ट्रिप हो ही जाता है। परंतु ट्रिप होने के बाद जितनी जल्दी हो सके, इसे ऑन करना चाहिए। और यही बुनियादी फर्क है सफल और कम सफल व्यक्तियों के बीच। स्विच तो सफल व्यक्तियों का भी ऑफ होता है, परंतु वे अपना स्विच ज़ल्दी ऑन कर लेते हैं और साथ ही लोगों का स्विच भी ऑन रखते हैं। जब तक हमारा स्विच ऑन रहता है, हमारे जीवन में उत्साह बना रहता है, हमें खुशी महसूस होती है, अच्छे लोग तथा अच्छी दुनिया दिखाई देती है। लेकिन जब स्विच ऑफ हो जाता है तो हमें हर जगह मायूसी, दुःख और गलतियाँ दिखाई देती हैं।

दरअसल, दुनिया तो वही रहती है, पर हमारा नजरिया बदल जाता है। यदि हमारा स्विच ऑन है तो काँच का गिलास तोड़ने पर भी बच्चे को डाँटेंगे नहीं, बल्कि कहेंगे, 'बेटा, कोई बात नहीं' और यदि स्विच ऑफ है तो गिलास भले ही न टूटे, केवल गिर जाने पर भी अपना आपा खो बैठते हैं और आवेश में आकर

हाथ तक उठा बैठते हैं। बच्चा बेचारा समझ नहीं पाता कि जब गिलास तोड़ा था, तब कुछ नहीं कहा और अब केवल गिरा है तो थप्पड़ मार दिया, इसका मतलब तोड़ना ज्यादा अच्छा था।

शेर से नहीं तुमसे तेज भागना है

एक बार एक भारतीय और विदेशी व्यक्ति जंगल के किनारे सुबह की सैर करने पहुँचे। अचानक भारतीय ने अपने जूते के फीते जल्दी-जल्दी बाँधने शुरू कर दिए। विदेशी ने हैरान होकर उससे पूछा, "क्या हुआ, अचानक ये फीते जल्दी-जल्दी क्यों बाँध रहे हो?" उसने बिना कुछ बोले जंगल की ओर इशारा किया। विदेशी ने देखा कि एक शेर जंगल से निकलकर उसी ओर आ रहा है। विदेशी भी घबराया और फिर थोड़ी हिम्मत बटोरकर हिंदुस्तानी से बोला, "तुम्हें क्या लगता है, जूते के फीते बाँधकर तुम शेर से तेज भाग लोगे?" भारतीय ने बिना रुके भागते हुए कहा, "मुझे शेर से नहीं, सिर्फ तुमसे तेज भागना है, बाकी काम शेर खुद कर लेगा।" यह है सामान्य बुद्धि (Comon Sense)। इसका इस्तेमाल करने के लिए किसी डिग्री का होना जरूरी नहीं होता। केवल 'मानसिक स्विच' ऑन होना चाहिए।

इसी तरह अपने मानसिक स्विच को ऑन रखते हुए एक मेढक अपनी विपरीत परिस्थितियों से कैसे बाहर निकल सका, यह आप नीचे दी गई कहानी से जान पाएँगे।

दो मेढकों की कहानी

कुछ समय पहले की बात है। दो मेढक थे। वे जंगल में तालाब के किनारे एक पेड़ के नीचे रहते थे। एक दिन उन दोनों ने सोचा, 'हमने तो बाहर की दुनिया देखी ही नहीं, जंगल के बाहर भी तो कुछ होगा। चलो, जरा इनसानों की दुनिया में घूमकर आते हैं।'

खाने-पीने का थोड़ा सा सामान लेकर वे दोनों निकल पड़े। फुदकते-फुदकते जंगल की सीमा को पार करके शहर पहुँचे। वहाँ उन्होंने बहुत कुछ देखा, बड़ी-

बड़ी ऊँची इमारतें, प्रदूषण फैलाते हुए वाहन, रोटी कमाने की दौड़ में भागते हुए लोग, खेल-कूद और पढ़ाई में मस्त नन्हे-नन्हे बच्चे, शोर, शोर और बहुत सारा शोर।

उन्हें अपने घर की याद आने लगी। वे बहुत थक भी गए थे। उनका दिल कर रहा था कि उन्हें पानी मिल जाए और वे एक गीली जगह पर थोड़ा आराम कर लें। ढूँढ़ते-ढूँढ़ते वे एक दूध वाले की दुकान में घुस गए। वहाँ एक बालटी रखी थी। उन्हें लगा कि इस बालटी में पानी होना चाहिए। फिर क्या था, झट से दोनों ने एक ऊँची छलाँग लगाई और पहुँच गए उस बालटी के अंदर। पर यह क्या, बालटी में तो पानी नहीं था, वह तो मलाई से भरी हुई थी। बेचारे दोनों मेढक उस मलाई में डूबने लगे, उनका दम घुटने लगा, साँस फूलने लगी, आँखें पलटकर बाहर आने लगीं।

एक मेढक ने सोचा, 'मेरा तो अंतिम समय आ गया है, हाय रे मेरी किस्मत! शहर आकर इन अनजान लोगों के बीच ही मरना था।' उसने अपने ईश्वर को याद किया और मौत का इंतजार करने लगा। परंतु दूसरा मेढक हार मानने को तैयार नहीं था। वह कोशिश करने लगा कि किसी तरह उस मलाई भरी बालटी में से बाहर निकल आए। वह अपने पैरों को जोर से चलाने लगा बहुत कोशिश करने पर भी वह बार-बार फिसल जाता। फिर भी उसने अपना दिल छोटा नहीं किया, हिम्मत का दामन नहीं छोड़ा, वह लगातार कोशिश करता रहा और अपने पैर चलाता रहा।

अरे यह क्या! अचानक उसने देखा कि वह ऊपर उठने लगा। उसके लगातार जोर से पैर चलाने से मलाई भी लगातार हिल रही थी और वह मक्खन बनने लगी। मेंढक में उम्मीद की लहर दौड़ गई। वह बहुत थक चुका था, पर फिर भी पैर चलाता रहा। फिर क्या था! मक्खन बनता गया और आखिर में उस मक्खन के ढेर पर सवार वह साहसी मेढक ऊपर उठने लगा। जब मक्खन छाछ के ऊपर तैरने लगा, तब उस साहसी मेढक ने बालटी से बाहर छलाँग लगा दी।

अपनी हिम्मत, लगन, मेहनत और जीने की उमंग के कारण वह मेढक बच गया, परंतु निराशावादी मेढक मलाई की उसी बालटी में डूबकर मर गया।

मुश्किलें सबके रास्ते में आती हैं, पर ईश्वर ने हमें उनका मुकाबला करने की शक्ति भी दी है। इसलिए शक्ति से काम लेते हुए साहस बनाए रखना चाहिए। अंत में जीत उसी की होती है, जो कभी हार नहीं मानता। अधिक बुद्धि या बल ही केवल काम नहीं आते हैं। हिम्मतवाले जीवन का संग्राम जीत जाते हैं।

यदि आपको एक संतरा दिया जाए तथा आप उसे जोर लगाकर निचोड़ें, तो उसमें से क्या निकलेगा? आपने सही सोचा 'रस'। क्या आप जानते हैं, संतरे को निचोड़ने से रस क्यों निकला? संतरे से इसलिए रस निकला, क्योंकि उसके भीतर रस ही भरा था। इसी तरह जब परिस्थितियाँ अनुकूल न हों, हालत एवं हालात आरामदेह न हों, उस स्थिति में हम कैसा व्यवहार करते हैं, असल में वही हमारा असली चरित्र है।

क्या विपरीत परिस्थितियों में हम अपना आचरण सही रख पाते हैं? क्या हम अपने क्रोध पर काबू कर पाते हैं? यदि हाँ, तो इसका अर्थ है हमें अपना मानसिक स्विच ऑन रखने की कला आ गई है। जब सबकुछ ठीक चल रहा हो तो खुश रहना कोई बड़ी बात नहीं, परंतु प्रतिकूल परिस्थितियों में स्विच ऑन रखना ही मजबूत चरित्र की निशानी है।

स्विच ऑन रखने की कला हमें बच्चों से सीखनी चाहिए। आपने देखा होगा, छोटे बच्चे एक दिन में न जाने कितनी बार गिरते हैं, परंतु वे गिरे पड़े नहीं रहते, बल्कि जल्दी से खड़े हो जाते हैं। यदि छोटे बच्चे यह काम कर सकते हैं तो हम बड़े क्यों नहीं? सफल और कम सफल लोगों के बीच एक बड़ा फर्क यह है कि सफल लोगों का जब स्विच ट्रिप होता है तो वे उसे जल्दी से ऑन करते हैं, जबकि बाकी लोग स्विच ऑफ होने पर अन्य लोगों का स्विच ऑफ करते रहते हैं।

गिरते तो सभी हैं पर मंजिल पर सिर्फ वही पहुँचते हैं, जो फिर उठ जाते हैं। बाकी लोग गिरने के बाद न केवल खुद गिरे रहते हैं, बल्कि दूसरों को भी उठने नहीं देते तथा आते-जाते लोगों को भी गिराने में लगे रहते हैं। हमें चाहिए कि ऐसे लोगों से सावधान रहें तथा अपना स्विच ऑन रखें।

जापानी खरीदारी

यह 'धीमे काम करने वाले सुस्त' जापानियों के बारे में एक बहुत अच्छी कहानी है। एक अमेरिकी किसान जापानी प्रतिनिधिमंडल को अपनी गायें बेचता है।

जापानियों का छह सदस्यीय प्रतिनिधिमंडल गायें खरीदने के लिए टेक्सास गया। अमेरिकी किसान ने उन्हें गायें दिखाईं और जापानियों से कहा कि वह उन्हें एक अच्छी पेशकश करेगा। पेशकश यह थी : अगर जापानी गायों को चुनेंगे, तो हर गाय सौ डॉलर की होगी, और अमेरिकी गायें चुनेंगे, तो दाम नब्बे डॉलर होगा। अमेरिकी तुरंत फैसले की उम्मीद कर रहा था, जैसे हम भारतीय मौके पर ही फैसला करते हैं। लेकिन जापानी मानते हैं कि धीमे और सधे ढंग से चलने वाला दौड़ जीतता है। वे एक घंटे के लिए एक मीटिंग रूम में चले गए। अमेरिकी गुस्से से पागल हो रहा था और जापानियों को गाली दे रहा था कि वे सोचने में बड़े सुस्त होते हैं। आखिरकार जब जापानी बाहर आए तो उसने बेचैन होकर पूछा कि उनका क्या फैसला है, जापानियों के नेता ने अपनी टूटी-फूटी अंग्रेजी में धीरे से कहा, "मि. बिल, हम चाहेंगे कि आप हमारे लिए गाय चुन दें।"

अमेरिकी : "कितनी?"

जापानी : "सभी।"

सुस्त जापानियों ने सौदा पक्का कर लिया और स्मार्ट अमेरिकी को थोड़ा घाटा उठाकर ही सारी गाय बेचनी पड़ी।

सत्य और असत्य का फैसला

एक राज्य में एक राजा ने तय किया कि उसके गाँव में जो असत्य बोलेगा, उसे फाँसी दी जाएगी। राज्य के एक वृद्ध संन्यासी को बुलाकर पूछा, "तुम्हारी क्या राय है। मैंने तय किया है कि असत्य नहीं चलने दूँगा, आशीर्वाद दो।" उस संन्यासी ने पूछा, "करोगे क्या? उपाय क्या है असत्य न चलने देने का?" उसने कहा, "मैं रोज एक आदमी को फाँसी पर लटकाऊँगा, जो असत्य बोलेगा।" उस संन्यासी ने कहा, "आश्चर्य! क्योंकि अभी तक यही तय नहीं

हो सका है कि सत्य क्या है और असत्य क्या है?'' राजा ने कहा कि वे तर्क और विचार करेंगे।

उस राजा ने कहा, ''हमने इसलिए आपको पूछने के लिए बुलाया है। आप हमें जैसा बताएँगे, हम वैसा करेंगे।'' उस फकीर ने कहा, ''फाँसी कहाँ लगाओगे?'' राजा ने कहा, ''गाँव का जो नगर द्वार है, कल सुबह नए वर्ष के शुरू दिन में एक आदमी को हम वहाँ लटकाएँगे, जो झूठ बोलते पकड़ा जाएगा।'' उस फकीर ने कहा, ''फिर मैं कल सुबह नगर द्वार पर मिलूँगा। कल सुबह आप वहीं मिल जाएँ और अपने निर्णायकगण को भी साथ ले आएँ। जो यह निर्णय कर सकें कि सत्य क्या है और असत्य क्या है?'' दूसरे दिन द्वार खुला, फकीर ने अपने घोड़े पर सवार होकर भीतर प्रवेश किया। राजा ने पूछा, ''घोड़े पर सवार आप कहाँ जा रहे हैं?'' उस फकीर ने कहा, ''मैं फाँसी पर चढ़ने जा रहा हूँ।'' राजा ने कहा, ''क्यों झूठ बोलते हैं? आपको कौन फाँसी पर चढ़ाएगा?'' उस फकीर ने कहा, ''अगर मैं झूठ बोलता हूँ तो फाँसी पर चढ़ा दो, लेकिन तब जो मैंने बोला, वह सत्य हो जाएगा और अगर मुझे फाँसी पर नहीं चढ़ाते तो झूठ बोलने वाले को बिना फाँसी पर चढ़े जाने दिया है।''

राजा ने कहा, ''अगर हम इसे जाने देते हैं तो यह आदमी झूठ बोल रहा है कि वह फाँसी पर चढ़ने जा रहा है। और अगर नहीं जाने देते, और फाँसी पर लटकाते हैं तो यह सत्य हो जाता है, और हमारा फाँसी देना सत्य के लिए फाँसी हो जाती है। अब हम क्या करें?'' उस फकीर ने कहा, ''जब तुम निर्णय कर लो तो मुझे खबर कर देना, मैं फाँसी पर चढ़ने आ जाऊँगा।'' वह अपना घोड़ा दौड़ाकर चला गया।

□

**मुश्किल समय में मानसिक स्विच ऑन
रखने से ही सहायता मिलती है**

इस दुनिया में
हर कोई खुशी ढूँढ़ रहा है
और उसे पाने का
एक ही तरीका है—
अपनी सोच पर
काबू रखना।

जो भी मेरे पास है, मेरे लिए खास है

'जो भी मेरे पास है, मेरे लिए खास है' : इसका मतलब है कि जो भी आपके पास है या आपके साथ है, उसे महत्त्व दें, उसका सम्मान करें और उसे बताएँ कि वह आपके लिए बहुत खास है। अकसर दु:खीराम जैसे लोगों की जिंदगी के दु:ख का सबसे बड़ा कारण होता है कि जो भी उनके पास होता है, उसमें उन्हें कुछ-न-कुछ कमी नजर आती है। ऐसे लोग सदा उन कमियों की ओर देखकर परेशान रहते हैं और दूसरों को भी परेशान रखते हैं। उनके अनुसार, "जो भी मेरे पास है, बकवास है।"

खुश रहने के लिए जो जिंदगी का नुस्खा मुझे समझ में आता है, वह है, "खुश रखो, खुश रहो।" यदि आप खुश रहना चाहते हैं तो अपने आसपास के लोगों को चाहे वे आपकी पत्नी, बच्चे, पड़ोसी, बॉस, दोस्त, सहकर्मी या कोई और, जो भी आपके साथ हैं, उन्हें खुश रखें या उन्हें खुश रखने के तरीके सोचें; यदि हम उन्हें खुश रख पाएँ तो हमारा खुश रहना भी उतना ही आसान हो जाएगा।

आप मेहनत किस के लिए कर रहे हैं?

अकसर हम लोगों में एक कमी देखी जाती है और वह है अपने नजदीकी लोगों को परेशान करना या रखना। मैं अकसर सेमिनार में एक सवाल पूछता हूँ, "बताइए, आप यह मेहनत किस लिए करते हैं? यह रात-दिन की दौड़-धूप किसके लिए?" अधिकतर एक ही जवाब आता है, "अपने परिवार के लिए या अपने

बच्चों के लिए।'' और मुझे यकीन है कि आपका जवाब भी यही होगा, पर जब मैं इन्हीं लोगों से पूछता हूँ, ''बताइए, आप सबसे अधिक कष्ट किसे पहुँचाते हैं?''

आपको जानकर हैरानी होगी कि अधिकतर लोगों का जवाब होता है, ''अपने परिवार या पत्नी को।'' आपका जवाब क्या होगा? मैं नहीं जानता। क्या आपको इन दोनों जवाबों में कोई विरोधाभास नहीं लगता कि जिनके लिए हम सारा दिन मेहनत करते हैं, उन्हीं घरवालों को सबसे ज्यादा तंग करते हैं। जी हाँ, यही सच है। अनजाने में हम उन्हें ही पीड़ित कर रहे हैं, जो हमारे लिए सबकुछ है।

मैंने अकसर अपने सेमिनार में लोगों से पूछा, ''यदि अभी कोई आतंकवादी हमला हो जाए और आतंकवादी हमारे परिवार को बंधक बना लें तथा उन्हें दोबारा देखने की एवज में फिरौती माँगें तो बताइए हम में से कितने लोग कितनी क़ीमत चुकाने के लिए तैयार हो जाएँगे? शायद ही कोई ऐसा होगा कि जो कहेगा कि रहने दें, मुझे कोई शौक नहीं उन्हें रोज देखने का या अच्छा है कम-से-कम उन्हें रोज देखने से बचूँगा। लोगों का जवाब होता है, ''हमसे उस वक्त जो भी हो सकेगा, देने को तैयार हो जाएँगे, यहाँ तक कि अपनी जान पर भी खेल जाएँगे।'' तो मैं उनसे कहता हूँ, ''देखिए, आज तक कोई ऐसा हमला हम पर नहीं हुआ और हम सब उन खुशकिस्मत लोगों में से है, जो रोज अपने परिवार से दोबारा मिलते हैं।'' हर रोज जब शाम को आप काम से घर लौटकर आते हैं तो आप और आपके परिवार वाले क्या एक-दूसरे को सकुशल देखकर खुश नहीं होते या हमारे दिल को सुकून नहीं मिलता?

शायद वे हमारे साथ रहते हैं, इसलिए हमें उनके महत्त्व का ध्यान नहीं रहता। मेरा मानना है कि अच्छा होना बहुत अच्छी बात है, परंतु अच्छा देखना भी उतना ही जरूरी होता है। इसी तरह घरवालों से प्यार करना, उनके लिए मेहनत करना बहुत अच्छी बात है, परंतु उन्हें अपनी भावनाओं से अवगत कराना भी उतना ही जरूरी है। जब हम अच्छे हैं तो अच्छा दिखने में हर्ज क्या है? जब हम उन्हें प्यार करते हैं तो इजहार करने में संकोच क्यों? इसका एक कारण जो मुझे समझ आता है, वह है हमारी पुरानी धारणा 'प्यार किया जाता है, जताया नहीं जाता।' यदि सीधे शब्दों में कहने में संकोच होता है तो कुछ ऐसा तरीका सोचिए उन्हें यह बताने के लिए कि वे आपके लिए खास हैं और आपके दिल में उनके लिए प्यार, स्नेह एवं

सम्मान है, और कुछ नहीं तो वह पंक्ति ही दोहरा दें, "जो भी मेरे पास है, मेरे लिए खास हैं।" क्यों, है न सरल तरीका खुश रखने का?

यह फॉर्मूला हर जगह लागू होता है। चाहे वह हमारा शरीर, हमारा परिवार, हमारी नौकरी, हमारा काम या हमारा देश हो। हमें हर उस चीज की कद्र करनी चाहिए, जो हमारे पास है, तभी हम आने वाली खुशियों का दिल खोलकर स्वागत कर पाएँगे। यह अहसास हम में सदा बना रहे, इसके लिए जरूरी है कि आप निम्न प्रश्नों के उत्तर पूरी ईमानदारी से लिखें। ऐसा करने पर आप इस एहसास को सही तरह समझ पाएँगे कि 'जो भी मेरे पास हैं, मेरे लिए खास हैं'

1. अपनी अच्छी आदतों एवं अच्छे गुणों की सूची बनाएँ।

----

2. अपनी कंपनी के अंदर क्या-क्या अच्छा पाते हैं, सूची बनाएँ।

----

3. अपने परिवार (सदस्यों) में क्या-क्या अच्छी आदतें अथवा गुण हैं, उनकी सूची बनाएँ। (कृपया सूची बनाते समय बुराइयों की तरफ ध्यान न दें।)

उपर्युक्त सवालों का मतलब यह नहीं है कि हम में, कार्य क्षेत्र में अथवा परिवार के सदस्यों में कोई कमियाँ नहीं हैं। न ही इसका यह मतलब है कि कमियों को बताया न जाए अथवा दूर करने का प्रयास न किया जाए। जी नहीं, इसका मतलब यह है कि जो हमारे पास है, उसकी कमियों को दूर करने का प्रयास करते हुए उसके गुणों एवं महत्त्व को अनदेखा न किया जाए।

जुड़वाँ बच्चों की कहानी

मेरे एक मित्र है, जिनके जुड़वाँ बच्चे हैं। जब तक बच्चे छोटे थे, तब तक तो सब ठीक था, पर जब से 7–8 साल के हुए तो उन्हें हैरानी हुई यह देखकर कि जुड़वाँ होने के बावजूद उनके स्वभाव बिलकुल विपरीत हैं। एक सदा खुश रहता था तथा दूसरा सदा किसी–न–किसी बात पर रोता रहता था। उन्होंने एक मनोचिकित्सक से सलाह ली। उसने कहा कि जो बच्चा ज्यादा रोता रहता है, उसके लिए कोई महँगा सा बढ़िया तोहफा ले जाओ तथा जो ज्यादा खुश रहता है, उसके लिए कुछ ऐसा ले जाओ कि वह नाराज हो जाए और कुछ देर के लिए ही सही, जरा संतुलन तो हो जाएगा। पिता ने रोंदू बच्चे के लिए एक बड़ा रोबोट खरीदा तथा खूबसूरत पैकिंग कराई। खुशमिजाज बच्चे के लिए एक मिठाई के डब्बे में गोबर भरवा लिया। वह पहले रोंदू बच्चे के कमरे में गए, जैसे ही परदा हटाया तो देखा कि वह पहले से ही किसी बात पर रो रहा है तथा जब पिता को देखा तो जोर से चिल्लाया, ''पिताजी, ये इतना बड़ा डिब्बा मेरे कमरे में क्यों लाए? यहाँ पहले ही जगह कम है।'' पिताजी ने कहा, ''बेटा तुम्हारे लिए तोहफा लाए हैं।'' रोंदू बेटा, ''इतना बड़ा?'' पिता, ''हाँ बेटा, बड़ा लाए हैं, ताकि तुम खुश रहो।'' रोंदू बेटा, ''अच्छा, खोलो।'' पिता ने अभी आधा रोबोट ही बाहर निकाला था डिब्बे से कि रोंदू बच्चे ने जोर–जोर से रोने लगा और बोला, ''काले रंग का क्यों लाए हो? आपको पता है, मुझे काला रंग पसंद नहीं।''

पिता ने कहा, ''बेटा, रोओ मत, रंग बदलवा देंगे; पहले देख तो लो।''

रोंदू बेटा, ''यह है क्या?''

पिता—''बेटा, यह रोबोट है।''

रोंदू बेटा—''यह क्या करता है?''

पिता—"बेटा यह चलता है, बोलता है और नाचता भी है।"

रोंदू बेटा—"कैसे?"

पिता अपना सिर पीटते हुए कहता है, "हमारी गलती है, हम ही भोगेंगे, जब भी चलाना हो, हमें आवाज देना, हम चाबी भर देंगे।"

रोंदू बेटा—"अब मैं सारा दिन आपको आवाज देता रहूँगा कि आओ, इसमें चाबी भर दो। एक तो काले रंग का, ऊपर से चाबी से चलता है और इतना भारी क्यों है ये, किसने कहा था आपसे ये लाने को, आप मुझसे प्यार नहीं करते, इसलिए ऐसी-ऐसी चीजें उठाकर ले आते हैं।"

पिता अपनी किसमत को कोसता हुआ दूसरे कमरे की तरफ गया, जहाँ उसने वह गोबर वाला डिब्बा भिजवाया था। जब खुशमिजाज बच्चे के कमरे में पहुँचे तो देखा, बच्चा बड़ा खुश है और तालियाँ बजा रहा है। पिता ने चिढ़ते हुए पूछा, "क्या वो डिब्बा खोल के देखा जो मैंने भिजवाया था?"

बेटा बोला, "हाँ पिताजी, देखा, तभी तो इतना खुश हूँ।"

पिता बोला, "उसमें तूने ऐसा क्या देखा कि इतना खुश हो रहा है?"

बेटा बोला, "पिताजी, आप मुझे बेवकूफ नहीं बना सकते, मैं अच्छी तरह जानता हूँ कि यदि गोबर यहाँ है तो घोड़ा भी आसपास ही होगा।"

अब आप ही बताइए, एक को रोबोट में केवल कमी ही कमी नजर आती है तथा एक को गोबर में भी घोड़े की उम्मीद है। इससे यही लगता है कि खुश रहना भी एक आदत है और दुःखी रहना भी एक आदत है।

□

आपको जीवन एक बार ही मिलता है,
लेकिन यदि आप इसे सही तरीके से
जीते हैं तो एक ही बार का जीवन पर्याप्त है

कुछ लोगों की
सबसे बड़ी चिंता ही
यही है कि वे
चिंतामुक्त होना चाहते हैं।

चिंता नहीं, चिंतन करें

समस्या वह होती है, जिसके बारें में मैं कुछ कर सकता हूँ।

हम में से अधिकतर लोगों के जीवन की सबसे बड़ी चिंता होती है कि वह चिंतामुक्त होना चाहते हैं। जबकि मुझे नहीं लगता कि वह इस युग में संभव है, क्योंकि चिंतामुक्त तो हम उस दिन होते हैं, जब हम इस संसार से कूच कर जाते हैं।

चिंता का होना बुरी चीज नहीं है, परंतु केवल और केवल चिंता करना बुरी बात है। जब भी हम चिंता कर रहे होते हैं तो इसका मतलब साफ है कि हम कुछ नहीं कर रहे हैं, और कुछ न करने से चिंता दूर नहीं होती।

चिंता ऐसी डाकिनी काट कलेजा खाए,
वैद्य बेचारा क्या करें, कहाँ तक दवा लगाए

—संत कबीर

उन्मुक्त मन व बहते हुए पानी के रास्ते में यदि कोई रुकावट आ जाए तो वह विचलित या नाराज नहीं होता, बल्कि किसी और रास्ते से खुशी–खुशी निकल जाता है। आप में भी कठिनाइयों से निपटने की इस तरह की आदत होनी चाहिए, ताकि जरूरत पड़ने पर आप आराम से अपना रास्ता बदल सकें।

एक बाधित मन रक्षात्मक लड़ाकू, ईर्ष्यालु, शक्की और जरूरत से ज्यादा आलोचक होता है। एक स्वाभाविक और उन्मुक्त मन बहुत सारी संभावनाओं को देख सकता है।

उसमें किसी से कुछ भी सीखने की नम्रता होती है, सघन सहनशीलता होती है, हालातों को वास्तविक ढंग से देखने की क्षमता होती है तथा उनकी सही कीमत आँकने की समझदारी होती है।

अकसर चिंता दो प्रकार की होती है :

1. सकारात्मक चिंता (Constructive Tension)—यह चिंता जरूरी है और ऐसी चिंता आविष्कारों तथा समाधानों की जननी होती है। किसी भी व्यक्ति या व्यवसाय की सफलता के लिए यह अत्यंत आवश्यक है। यदि कोई व्यक्ति इस प्रकार की चिंता से दो-चार नहीं होता है तो वह व्यक्ति और उसका व्यवसाय शीघ्र ही पतन की ओर अग्रसर हो जाता है। नया व्यवसाय शुरू करना, कुछ नया सीखना, कोई खेल जीतने की इच्छा आदि सकारात्मक चिंता के उदाहरण हैं।

2. नकारात्मक चिंता (Negative Tension)—एक ऐसी चिंता, जिसका समाधान हमारे हाथ में नहीं होता। उस स्थिति के बारे में सोचते रहना नकारात्मक चिंता है। खासकर बीती हुई घटनाओं को याद करके अपना वर्तमान खराब करना नकारात्मक चिंता का उदाहरण है। आखिर दूध फट जाने पर रोने का क्या फायदा? बेहतर यही होगा कि आगे से यह गलती न हो और यदि हो भी जाए तो फटे दूध का पनीर बनाकर उसका आनंद लिया जाए।

आपने भी देखा होगा कि छोटी-छोटी मक्खियाँ कैसे हमारे आसपास भिनभिनाती रहती हैं तथा हमारा ध्यान जरूरी चीजों से हटा देती हैं और ये मक्खियाँ इतनी छोटी होते हुए भी हमें अपने लक्ष्य-प्राप्ति में देर कराती हैं। इसी प्रकार घर में पानी के नल का टपकना, गाड़ी में असामान्य आवाज, एक दीवार में बढ़ती सीलन, हलका खाँसी-जुकाम आदि ऐसे छोटे-छोटे काम,

जिन्हें तुरंत निपटा देना चाहिए, ताकि हम अपने लक्ष्य की प्राप्ति की ओर तीव्र गति से अग्रसर हो सकें। यदि आप इन छोटी-छोटी मक्खियों को मार देगें तो आप पाएँगे कि आपका तनाव काफी हद तक काबू में है।

(क) अपने आप को काम में झोंक दें अथवा स्वयं को ऐसे किसी काम में संलग्न कर लें, जिसमें योजनाबद्ध तरीके से चिंतन आवश्यक हो या फिर उसके लिए कोई रचनात्मक कार्य किया जाना हो, फिर चिंता के लिए आपको वक्त ही नहीं मिलेगा।

(ख) चिंता को सुलझाने का कोई सीधा उपाय ढूँढ़ें। मुझे नहीं मालूम कि आप अपनी चिंताओं को कैसे सुलझाते हैं, लेकिन मैं इतना बता सकता हूँ कि एयरकंडीशनर के आविष्कारक और कॅरियर कॉर्पोरेशन के जनक विलिस तथा दो लाख से अधिक छात्र-छात्राओं की काउंसलिंग करने के लिए विख्यात कोलंबिया कॉलेज के डीन हॉक्स क्या जादुई फॉर्मूला अपनाते थे। एक कागज पर निम्नलिखित प्रश्न और उनके उत्तर लिखें।

(ग) **पहला कदम-सोचें (Think)** मेरी चिंता या समस्या क्या है?

- सही मायनों में हम खुद नहीं जान पाते कि हम चिंतित क्यों हैं? यदि हम अपनी समस्या व उसके कारणों को समझ पाएँ, तो उसका आधा समाधान तो खुद-ब-खुद हो जाएगा।
- समस्या का कारण क्या है? किस वजह से यह समस्या पैदा हुई? यदि समस्या के मूल में हम स्वयं हैं तो चिंता करने का क्या लाभ? यदि समस्या दूसरों के कारण पैदा हुई है, तो परेशान होने से तो दूर होने से रही। वैसे ज्यादातर समस्याओं के मूल में तैयारी की कमी ही होती है, और उसमें कहीं-न-कहीं हमारा भी योगदान होता है।

(घ) **दूसरा कदम-पूछें (Ask)** कि इससे मुझे क्या नुकसान हो सकता है? कम-से-कम व अधिक-से-अधिक कितना नुकसान हो सकता है? जब आप इसे निष्पक्षता व बुद्धिमानी से लिखना शुरू करेंगे तो कई बार तो आपको लगेगा कि समस्या उतनी बड़ी नहीं, जितनी बड़ी चिंता आप कर रहे थे या फिर नुकसान उतना नहीं होगा, जितना आप पहले महसूस कर रहे थे; क्योंकि

नुकसान कम करने के लिए उपाय आपको समझ में आने लगेंगे। शेक्सपीयर के शब्दों में, ''बुद्धिमान लोग कभी अपनी चिंताओं के लिए शोक नहीं करते, वे हँसी-हँसी में यह प्रयास करते हैं कि कैसे उसके नुकसान को कम किया जाए।''

(ड.) **तीसरा कदम-निर्णय करें (Decide)** समस्या को दूर करने के लिए या इससे होने वाले नुकसान को कम करने के लिए मैं क्या कर सकता हूँ। जितने विकल्प (Alternative) हो सकते हैं, सभी को एक साथ लिख लें, फिर उसमें से जो श्रेष्ठ लगे या उस के चयन में ही भ्रम (Confusion) हो, तो दोनों-तीनों श्रेष्ठ विकल्पों में से किसी एक का चयन कर लें; क्योंकि जो भी काररवाई हम समय पर करते हैं, वह बिलकुल सही न भी हो, तब भी 'कुछ तो' सही होती ही है।

(च) **चौथा कदम-तीव्र काररवाई करें (Act fast)** एक बार किसी निर्णय पर पहुँचते ही, तुरंत उस निर्णय पर अमल शुरू कर दें। पुनर्विचार के लिए इंतजार न करें। हद से ज्यादा सोच-विचार भी भ्रम (Confusion) उत्पन्न करता है। 'अब क्या होगा' इसकी परवाह न करें।

> *याद रखें : ईश्वर हमारे लिए नहीं,*
> *बल्कि हमारे साथ काम करते हैं*

समस्याओं को सही परिप्रेक्ष्य में रखें

कष्टों से आपको आगे बढ़ने में मदद मिलती है, जीवन में विकास के लिए समस्याओं को दवाई या खाद के रूप में देखें। एक संकट आपकी क्षमता और दृढ़ता के परीक्षण का सुनहारा अवसर है। ''सौभाग्य और दुर्भाग्य एक दूसरे से गुँथी हुई रस्सी की तरह हैं।'' यह पुरानी कहावत व्यवसाय के साथ-साथ व्यक्तिगत जीवन के उतार-चढ़ावों पर भी लागू होती है। इन कठिनाइयों को सहन करना ही काफी नहीं है। आपको इन विफलताओं को भविष्य के सबक के रूप में ग्रहण करना चाहिए और हर दुर्भाग्य को सौभाग्य में बदलने

का प्रयास करना चाहिए। जब तक हम मनुष्य रूप में हैं, तब तक हम इन मुसीबतों से नहीं बच सकते। समस्याओं का सीधा सामना करना ही उन्हें सुलझाने की कला है। हाथ में आए मामले को मत छोड़ें, इससे पहले कि वह हाथ से निकल जाए, कुछ करें।

अगर लोग बेहतरी के लिए प्रयास नहीं करेंगे तो ईश्वर भी उनके लिए चमत्कार नहीं करेंगे। ईश्वर उनकी सहायता करते हैं, जो अपनी सहायता स्वयं करते हैं।

डर अथवा भय ऐसी चीज है, जिसके लाभ तो हैं, पर हानि भी कम नहीं हैं। यदि मनुष्य के मन में भय न हो तो वह आग में हाथ डालकर अपने को जला लेता। साथ ही वह बुरा-से-बुरा काम करने में भी नहीं हिचकिचाता। पर अकसर हम देखते हैं कि इसी डर के कारण बहुत से लोग ठीक काम भी नहीं कर पाते। उन्हें सदा यही डर लगा रहता है कि कोई उनके काम को बुरा न कह दे। यदि देखा जाए तो हर काम के बारे में दो राय रहती हैं। कुछ लोग उसे ठीक समझते हैं और कुछ गलत। फिर गलत और सही का फैसला कैसे हो? रूढ़िवादी लोग अपने पुरखों के बनाए हुए पदचिह्नों पर ही चलने को कहते हैं, पर यदि वैसा किया जाए तो कभी प्रगति हो ही नहीं सकती। कहा भी गया है कि 'लीक-लीक गाड़ी चलें लीकहिं चलें कपूत। बिना लीक ये तीन चलें शायर, सिंह, सपूत।' सपूत अपने आप ही राह बनाता है और प्रगति करता है। तब फिर ठीक और गलत का फैसला कैसे हो? यह तो हर एक को अपने मन से पूछना पड़ेगा। तभी तो किसी ने कहा है कि मन साफ तेरा है या नहीं, तू पूछ ले जी से। फिर जो कुछ भी करना है, कर खुशी से।

अधिकतर लोग किसी-न-किसी से डरते ही रहते हैं। कुछ मृत्यु तथा बीमारियों से डरते हैं तो कुछ लोग उन लोगों को देखकर, जिन पर मुसीबत आई हुई हो डरने लगते हैं कि कहीं वैसी ही मुसीबत उन्हें न घेर ले। हमें यह सोचना चाहिए कि कुछ भी तो हमारे हाथ में नहीं है। हर मनुष्य यही चाहता है कि वे बिना किसी कठिनाई के सुरक्षित तथा सुखद जीवन जिए, पर उसे यह नहीं मालूम कि भविष्य में उसके भाग्य में क्या लिखा हुआ है।

जब भूचाल आते हैं या अन्य प्रकार की प्राकृतिक आपदाएँ आतीं हैं तो हम देखते हैं कि कुछ लोग तो चमत्कारिक रूप से बच जाते हैं और कुछ उसमें नष्ट हो जाते हैं। हमें आश्चर्य होता है कि कैसे कुछ बच्चे उस मलबे में से जीवित निकल आते हैं? इतने दिनों तक किस प्रकार वे बिना खाने या पानी के जिंदा रहे? उन्हें बचाने वाली कौन सी शक्ति थी?

यहाँ मैं एक किस्सा सुनाना चाहूँगा। एक बार एक आदमी ने एक यमदूत को जाते हुए देखा और उसके पूछने पर यमदूत ने कहा कि वह बनारस से सौ आदमियों की जान लेने जा रहा है। पर देखा गया कि बनारस में एक हजार लोगों की मृत्यु हो गई। यमदूत जब लौट रहा था तो वह आदमी उसे फिर मिल गया, उसने पूछा कि वह तो केवल सौ आदमियों की जान लेने गया था तो फिर वहाँ एक हजार लोग कैसे मर गए? इस पर यमदूत बोला कि उसने तो सौ ही जानें ली थीं, बाकी और तो डर के कारण मर गए।

इसी प्रकार का एक और किस्सा मैंने पढ़ा था कि एक बार पहाड़ों में कुछ लोग एक धर्मशाला में ठहरे हुए थे। उस रात वहाँ एक बहुत बड़ा तूफान आया। बड़े जोर की आँधी थी और सारे पेड़ ऐसे हिल रहे थे मानो वे जड़ से उखड़ जाएँगे। जोर-जोर से बिजली कड़क रही थी। प्रलय का दृश्य था। सब लोग बुरी तरह सहमे हुए थे और हर तरह के विचार उनके मन में आ रहे थे।

उन्हें यह भी पता नहीं था कि वह अगले दिन की सुबह देख भी पाएँगे या यही तूफानी रात उनकी अंतिम रात होगी। इसी प्रकार की उधेड़-बुन की स्थिति में उनमें से एक ने देखा कि गिनती में वे लोग तेरह हैं और तेरह की संख्या तो बहुत अशुभ मानी जाती है।

अवश्य हम लोगों में से एक जना पापी है। उस एक के कारण हम सब लोग क्यों मरें? बात भी ठीक थी। इस कारण सबकी समझ में आ गई। पर यह कैसे पता चले कि वह पापी कौन है? वैसे तो सबने ही छोटे-मोटे पाप किए थे, पर कोई भी यह नहीं समझता था कि ऐसा फल उसके पाप के कारण हो सकता है।

इस भयानक रात में मरने वाला तो कोई बहुत ही बड़ा पापी होगा। उस

धर्मशाला के पास एक बहुत लंबा और ऊँचा पेड़ था और बिजली सबसे पहले ऊँचे पेड़ों पर ही गिरती है।

अतः उन लोगों ने सलाह करके यह तय किया कि सब लोग एक-एक करके उस पेड़ के नीचे नियत समय के लिए खड़े हों। जिसको मरना होगा वही मरेगा। उस एक के लिए हम सब क्यों मरें? पर सबसे पहले कौन जाए? हर कोई डरा हुआ था कि कहीं उसी के पाप के कारण तो यह सब नहीं हो रहा है।

अंत में तय हुआ कि तेरह पर्चियाँ बनाई जाएँ। हर आदमी उनमें से एक उठा ले और फिर अपने-अपने नंबर से जाकर खड़े हो जाएँ। यह तय हो जाने पर सब अपने अपने नंबर से जाने लगे और बारह लोग बिना किसी दुर्घटना के वापस आ गए। वे बड़े खुश थे कि उनके पाप के कारण यह सब नहीं हो रहा था।

अब तेरहवें आदमी का नंबर आ गया और सब लोगों को पूरा विश्वास था कि यही वह पापी है, जिसके कारण उन सबकी जान खतरे में थी। और वह भी बेहद डरा हुआ था कि उसका ही अंत समय आ गया है। जैसे ही वह वहाँ जाकर खड़ा हुआ, बड़े जोर की बिजली कड़की और उसी समय धर्मशाला की छत भरभराकर गिर पड़ी। उसके नीचे के सब आदमी उसमें दबकर मर गए।

□

F	—	**False**
E	—	**Experience**
A	—	**Appearing**
R	—	**Real**

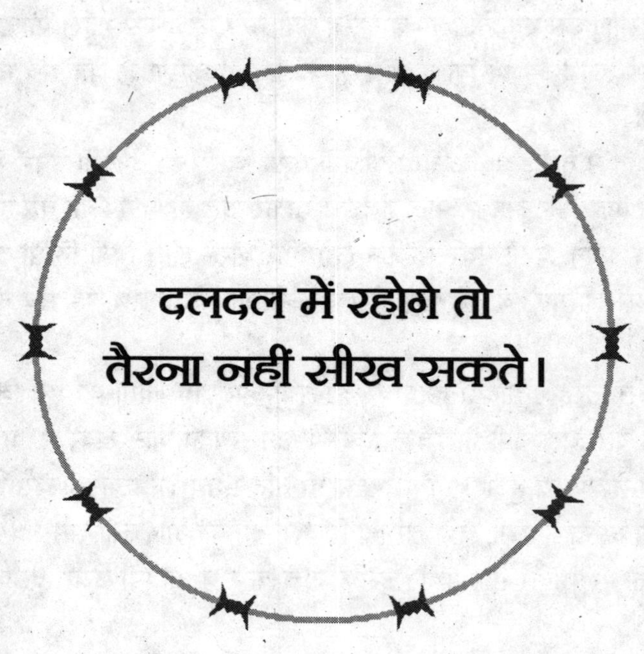

दलदल में रहोगे तो
तैरना नहीं सीख सकते।

गलत धारणाओं के ताले

अच्छा दोस्त वह नहीं है, जो आपके लिए मरने को तैयार हो जाए, बल्कि वह है, जो आप को भी बचा ले।

एक आदमी ने अमेरिका में एक किताब लिखी है कि 13 का अंक अपशकुन है और इतनी वैज्ञानिक किताबें लिखी हैं कि आप कहेंगे कि हाँ, बिलकुल सही है। यह तो मानना ही है कि 13 तारीख अपशकुन है। यह तो पहले ही से माना हुआ है। अब सिद्ध करना है तो उसने पता लगाया कि तेरहवीं मंजिल से कितने लोग कब-कब कहाँ-कहाँ गिरे हैं। अमेरिका में कई तो ऐसे मकान हैं, जिनमें तेरहवीं मंजिल होती ही नहीं, क्योंकि तेरहवीं मंजिल पर रहने को कोई राजी ही नहीं होता। बारहवीं के बाद सीधी चौदहवीं मंजिल आती है। क्योंकि तेरहवीं को किराए पर उठाना मुश्किल है। इसलिए तेरहवीं मंजिल नहीं होती। उस आदमी ने पता लगाया है कि तेरहवीं मंजिल से कौन-कौन, कब-कब, कहाँ-कहाँ गिरा है। तेरहवीं तारीख को कौन-कौन से एक्सीडेंट हुए हैं। तेरहवीं तारीख को कहाँ-कहाँ आग लगी है, तेरहवीं तारीख को कौन-कौन सा जहाज डूबा है।

इस तारीख को कौन-कौन से हवाई जहाज दुर्घटनाग्रस्त हुए हैं। तेरहवीं तारीख को किस-किस की शादियाँ टूटी हैं। सब उसने एकत्रित किया है। तेरह तारीख को कितने बच्चे मर जाते हैं, यह एकत्रित किया है। अब तेरह तारीख बड़ी घटना है। तेरह तारीख को कब क्या हुआ है। उसने सब एकत्रित कर लिया जो-जो अपशकुन है।

उसने अपनी किताब में कई सारे उदाहरण दिए हैं। इतने आँकड़े दिए हैं कि लगेगा कि तेरह तारीख निश्चित ही अपशकुन है। लेकिन कोई अगर चाहे तो बारह तारीख के लिए भी यह एकत्रित कर ले। कोई चाहे ग्यारह तारीख के लिए भी एकत्रित कर ले, जो मरजी एकत्रित कर ले। जिंदगी एक बहुत बड़ी घटना है। उसमें अनंत घटनाएँ घट रही हैं। जिंदगी एक बहुत बड़ा रहस्य है। उसके अनंत पहलू हैं। अगर कोई आदमी पहले से पक्ष लेकर जाता है तो अपने पक्ष की दलीलें खोज लेगा और दलीलें एकत्रित कर लेगा। वह प्रजुडिस्ट है, वह पहले से तैयार है। वह वही देखेगा, जो पहले से देखना चाहता है। उसे वही दिखाई पड़ेगा। वही खोज लेगा वह और सब एकत्रित कर लेगा। और फिर समझेगा कि मैंने कोई खोज की है। यह खोज न हुई। यह कोई खोज नहीं है।

गधे का नाम गधा क्यों रखा?

आप सभी एक जाने-माने पशु से भली-भाँति परिचित होंगे। वह शरीफ पशु हमारे आसपास यदाकदा दिखाई दे जाता है। उस पशु का नाम है 'गधा'। क्या आप बता सकते हैं कि उसका नाम 'गधा' क्यों रखा गया? जब यह सवाल मैं सेमिनारों में लोगों से पूछता हूँ तो अकसर लोगों का जवाब इस प्रकार होता है, ''उसमें अक्ल नहीं होती इसलिए'', ''बिना सोचे काम करता है'', ''जैसा बोलो वैसा ही करता है'' वगैरह-वगैरह।

इस पर मेरा लोगों से कहना होता है कि यह सब तो आप उसकी विशेषताएँ बता रहे है। कोई भी गधा गधे के नाम की तख्ती लगाकर पैदा नहीं होता, तो फिर हमने उसका नाम गधा ही क्यों रखा? काफी देर तक लोग दिमागी मेहनत करने के बाद मुझसे इसके नामकरण का कारण पूछते हैं तो मेरा जवाब होता है, ''साहब, मुझे भी नहीं पता गधे का नाम 'गधा' क्यों रखा गया। यकीन मानें, मुझे भी गधे ने नहीं बताया कि उसका नाम गधा क्यों रखा गया। कुछ तो रखना था, इसलिए 'गधा' रख दिया। अब यदि कोई मुझसे पूछे कि आपका नाम सुरेश ही क्यों रखा गया 'अमिताभ' क्यों नहीं, तो इसका क्या जवाब हो सकता है? इस जवाब से लोग चुप तो हो जाते हैं। पर उनके चेहरे पर असंतोष साफ झलकता

है, क्योंकि वे मुझसे किसी और जवाब की अपेक्षा करते हैं। उन्हें संतुष्ट करने के लिए मैं उन्हें बताता हूँ कि अंग्रेजों ने उसका नाम 'Donkey' क्यों रखा, मुझे नहीं मालूम; पर हम लोगों ने उसका नाम 'गधा' ही क्यों रखा, वह इस तरह है— 'गधा' दो अक्षरों से मिलकर बना है। और वह है 'ग' और 'धा' और 'ग' हमने लिया है 'गलत' में से और 'ध' धारणा में से। अब दोनों शब्दों को जोड़ दें तो बनता है 'गलत धारणा' गधे को गलत धारणा होती है अपने प्रति भी और दूसरों के प्रति भी। इसलिए उसका नाम 'गधा' रखा गया। वह स्वयं को अति समझदार एवं दूसरों को बेवकूफ समझता है।

यदि गधे के नामकरण के इस कारण को सत्य माना जाए तो सवाल यह पैदा होता है कि गलत धारणाएँ तो हम में भी बहुत होती हैं। अपने प्रति भी और दूसरों के प्रति भी। इन धारणाओं को अकसर हम 'मन के ताले' (Mental Lock) के रूप में जानते हैं। हमारी कुछ धारणाएँ ऐसी होती हैं, जिनसे हमारे तथा हमारे आसपास के लोगों के जीवन में तनाव तथा उदासी छाई रहती है। ऐसा नहीं कि ये ताले हमने जान-बूझकर लगाए होते हैं। यह हमारे संस्कार माहौल तथा शिक्षा आदि के जरिए हमारे दिमाग में लग जाते हैं। सब के दिमाग में ऐसे कुछ ताले जरूर लगे होते हैं, पर विचारणीय पहलू होता है तालों की संख्या में। ताले लग जाना बुरी बात नहीं, पर उनको न खोल पाना या खोलने के लिए तैयार न होना एक और नुकसानदायक बात है।

दुनिया में कोई बेवकूफ नहीं है

ऐसे ही एक सेमिनार के दौरान मैंने कहा, "दुनिया में कोई बेवकूफ नहीं है, किसी को बेवकूफ मत समझें।" जैसे ही मैंने यह बात कही, एक सज्जन खड़े हो गए और बोलने लगे, "जनाब, मैं आपकी बात से असहमत हूँ, कुछ लोग वाकई में बेवकूफ होते हैं।"

मैंने कहा, "ऐसा हो सकता है कि किसी व्यक्ति को जानकारी अधिक न हो, कम हो या बिलकुल न हो। वह अनजान तो हो सकता है, परंतु बेवकूफ नहीं। मेरे विचार में कुछ नया सीखने में बेइज्जती नहीं होती बल्कि कुछ न सीखने

में बेइज्जती होती है और किसी भी उम्र में कुछ भी सीखा जा सकता है।"

"जी नहीं, बेवकूफ लोग भी होते हैं और हैं भी। आपने अभी दुनिया देखी ही कहाँ है!" वह सज्जन बोले।

मैंने फिर उन्हें समझाने की कोशिश करते हुए कहा, "सर, जो पागलखाने में भरती हैं, वे भी बेवकूफ नहीं हैं। वे सिर्फ मानसिक रोगी हैं। जैसे हमें शरीर का बुखार होता है, उन्हें मानसिक बुखार हो गया है। बेवकूफ वे भी नहीं हैं।" परंतु कुछ लोगों के दिमाग में अलीगढ़ के ताले लगे होते हैं, जिनका टूटना शायद मुश्किल होता है, और वह सज्जन भी अपने दिमाग में इसी तरह के अलीगढ़ के ताले लगाए हुए थे। वह बोले, "आप कुछ भी कहें, बेवकूफ तो होते ही हैं।" समय की कमी को देखते हुए, वाद-विवाद में न पड़कर मैंने उन्हीं सज्जन के तर्क को मान लेना उचित समझ लिया। अपनी जीत पर वह बड़े खुश हुए। मैंने कहा, "सर, आप से मिलने के बाद मुझे लगता है कि आप ठीक ही कह रहे हैं, शायद बेवकूफ होते हैं।"

वैसे किसी और को बेवकूफ समझना ही सबसे बड़ी बेवकूफी है। इसलिए हमें चाहिए कि ऐसे ताले हम अपने दिमाग से तुरंत खोल दें। प्रत्येक व्यक्ति से कुछ-न-कुछ सीखने को तत्पर रहना चाहिए। इस दुनिया में कोई भी व्यक्ति बेवकूफ नहीं है। इसलिए स्वयं को समझदार बेशक समझना चाहिए, पर किसी और को बेवकूफ नहीं समझना चाहिए, न ही बनाने की बेकार कोशिश करनी चाहिए।

अकसर हम लोगों के मन में निम्न प्रकार की गलत धारणाएँ होती हैं :

1. गाय दूध देती है—गाय दूध नहीं देती, गाय से दूध निकालना पड़ता है, वह भी बूँद-बूँद करके। इसी तरह सफलता, खुशी और संतुष्टि अपने आप नहीं मिलती, बल्कि मेहनत, धैर्य, लगन और समझदारी से हासिल करनी पड़ती है। केवल तीन चीजें हमें बिना प्रयास के मिल सकती हैं और वे हैं जन्म, मृत्यु तथा असफलता; और मुझे नहीं लगता कि आखिरी दो चीजें किसी को भी चाहिए।

2. देशभक्त वही जो देश पर मर मिटे—क्या आपको नहीं लगता कि हमें अपने जवानों को मरने के लिए नहीं, मारने के लिए प्रोत्साहित करना चाहिए। देश की सेवा जीते-जी और भी अच्छे ढंग से की जा सकती है। इसका अर्थ यह नहीं, जो देश पर मरते हैं, वे देशभक्त नहीं हैं। मेरे कहने का अभिप्राय है कि उनके अंदर जुनून होना चाहिए दुश्मन को मारने का, न कि 'मरने' का।

आजकल दीवारों पर चलते-फिरते एक संदेश देखा जा सकता है—"देश के लिए जीना है तो मरना सीखो।" मुझे समझ नहीं आता कि मरकर आप देश की क्या सेवा कर सकते हैं। जंग मरकर नहीं, मारकर जीती जाती है।

3. कलयुग चल रहा है—जी नहीं, यह कर्मयुग चल रहा है, जो मेहनत करेगा, धारणाएँ सही रखेगा, वही तरक्की करेगा। आज हमारे और हमारे बच्चों के सामने असीम अवसर और सुविधाएँ मौजूद हैं। हम अपने भविष्य का निर्धारण स्वयं कर सकते हैं, जबकि पहले के समय में यह सुविधा नहीं थी। राजा का बेटा राजा होता था और बढ़ई का बेटा बढ़ई, किसान का बेटा किसान ही हुआ करता था। अब ऐसा नहीं है, आज हमारे सामने अटल बिहारी वाजपेयी, ए.पी.जे. अब्दुल कलाम, एम.एस. ओबराय, धीरूभाई अंबानी जैसे और भी महापुरुषों की सफलता के किस्से मौजूद हैं। ये नाम और अनेक दूसरे नाम इस धारणा को झुठलाने के लिए काफी हैं कि 'कलयुग' चल रहा है। हमें इस प्रकार के ताले तोड़ देने चाहिए।

4. मेरी तो किस्मत ही खराब है—जिन व्यक्तियों के दिमाग पर इस तरह के ताले जड़े होते हैं, वे खुद को हालात का शिकार और बेचारा महसूस करते हैं तथा अपनी इस हालत के लिए अपने अलावा सब को जिम्मेदार महसूस करते हैं। हर समस्या के लिए उनके पास एक ही जवाब होता है कि मेरी तो किस्मत ही खराब है। ऐसे ताले की चाबी ढूँढ़ना जरा मुश्किल है। ऐसे व्यक्ति जब भी देर से उठते हैं तो उन्हें सड़क पर ट्रैफिक जाम मिलता है, बस छूट जाती है या गाड़ी स्टार्ट नहीं होती, बॉस से डाँट खानी पड़ती है, क्योंकि इनकी 'किस्मत ही खराब है।' जबकि हम सब अच्छी तरह जानते हैं कि हमारी किस्मत नहीं बल्कि सुबह देर से उठने की आदत खराब है, गाड़ी खराब है, क्योंकि हम समय पर

सर्विस नहीं कराते, बॉस खराब नहीं बल्कि काम को टालने की हमारी आदत है। हम अपनी कमियों को तलाशने के बजाय सारा दोष किस्मत पर टालने के आदी हो गए हैं। इसका नतीजा यह होता है कि हम सारी जिंदगी वही गलतियाँ दोहराते रहते हैं। क्योंकि उनकी जिम्मेदारी लेने के बजाय हम किस्मत को दोषी ठहराते हैं।

'नजर बदलेगी तो नजारे बदलेंगे;
दिशा बदलेगी तो दशा बदलेगी;
आदत बदलेगी तो सितारे बदलेंगे'

भेड़ या सिंह

एक नवजात शेर भेड़ के झुंड में आ गिरा। भेड़ ने उसे पाला और वह समझने लगा कि वह भेड़ ही है। वह भेड़ जैसा ही झुंड में चलने लगा। उन जैसा ही भयभीत होता, घास-पात खाता। एक दिन एक शेर की नजर उस पर पड़ी तो वह हैरान रह गया कि कैसे भेड़ बिना भय के शेर के साथ चल रही हैं। वह शेर भेड़ के बीच कूदा, जिसे देखते ही भेड़ इधर-उधर चीखती हुई भागने लगीं। भेड़ों में भेड़ के बीच पला शेर भी भयभीत होकर चिल्लाने लगा और भागा। शेर ने उसे पकड़ा और घसीटते हुए कहा, 'नासमझ! तू भेड़ नहीं है, शेर है।' लेकिन वह कैसे माने, उसे इसमें जालसाजी दिखाई पड़ी; क्योंकि यह उसके जीवन भर के अनुभव के विपरीत था।

यह दूसरा शेर भी आखिर शेर था, वह डरपोक शेर को घसीटते हुए सरोवर किनारे ले गया। वह काफी चिल्लाया, रोया किंतु उसकी इच्छा के विपरीत शेर उसे घसीटता ही रहा और कहा कि देख, नासमझ! मेरे और अपने चेहरे को पानी में देख, कोई फर्क है? जो मैं हूँ, वही तुम हो। डरते-डरते उस शेर ने देखा। लगा जैसे कोई सपना देख रहा हो। क्योंकि हम उसी को वास्तविकता कहते हैं, जिसे हमने बहुत बार देखा हो। नया तो सपना ही मालूम होता है, भरोसा नहीं आया तो पुनः देखा। जीवन भर का अनुभव तो यह था कि मैं भेड़ हूँ।

बड़े शेर ने उसे वास्तविकता का एहसास दिलाने के लिए गर्जना की। उसकी गर्जना सुनते ही, पानी में अपने चेहरे को ठीक से देखते ही छोटे शेर के भीतर का सोया हुआ शेर जाग उठा तथा आगे से शेर की भाँति ही जीने लगा।

इसी तरह हम सब भी सोए शेर की भाँति ही हैं। हममें भी बहुत हुनर एवं संभावनाएँ छिपी होती हैं। परंतु हम में से कुछ लोग किस्मत का रोना रोकर पुरुषार्थ से जी चुराते रहते हैं। यदि कोई हमें जगाने अथवा प्रेरित करने की कोशिश भी करे तो हम यह कह कर कि 'ये हमारे वश का रोग नहीं है' टालते रहते हैं। यह सिर्फ हमारे मन का ताला है कि सफलता सिर्फ किस्मत से मिलती है।

5. यदि बिल्ली शेर को पेड़ पर चढ़ना सिखा देती तो शेर बिल्ली को खा जाता—हमारी यह सोच किसी को कुछ न सिखाने की भावना को प्रदर्शित करती है। इससे हमारे अंदर का वह छिपा हुआ डर झलकता है, जिसमें हम अपनी कुरसी बचाने के लिए अपने से नीचे या किसी और को इतना कभी नहीं सिखाते कि हमारी कुरसी को खतरा पैदा हो जाए। परंतु मुझे लगता है कि यदि बिल्ली शेर को पेड़ पर चढ़ना सिखा देती तो स्वयं शायद उड़ना सीख लेती। आप सभी जानते हैं कि आवश्यकता आविष्कार की जननी है। अत: अपनी जान बचाने के लिए बिल्ली कुछ-न-कुछ नया तो जरूर सीखती। यदि आप बिल्ली वाली बात से सहमत न भी हों तो इस बात से जरूर सहमत होंगे कि यदि मनुष्य चाहे तो निरंतर कुछ-न-कुछ नया सीख सकता है। यदि हम निरंतर सीखते रहें और सिखाते रहें तो इससे सारे समाज की प्रगति होगी। इसका फायदा हम सबको होगा; क्योंकि हम सब कुछ-न-कुछ नया सीख रहे होंगे।

6. जिम्मेदारी एक बोझ है, जिसे उठाना पड़ता है—इसके विषय में मैं पहले भी काफी कह चुका हूँ बस इतना ही कहना चाहूँगा कि यह जिम्मेदारी अगर बोझ होती तो हमने इसे कब का उतार दिया होता या फेंक दिया होता। किंतु यह तो हमारी शक्ति है, जो निरंतर हमें कुछ-न-कुछ करने की प्रेरणा प्रदान करती है। साथ ही, अगर हम जिम्मेदारी को प्रसन्नतापूर्वक निभाते जाएँ तो यह हमें कभी बोझ नहीं लगेगी।

7. मेरा धर्म सही है बाकी का गलत—हमारा सबसे बड़ा और खतरनाक

ताला है धर्म के प्रति। जहाँ धर्म पर बात आती है, हम मरने मारने को तैयार हो जाते हैं। इस मुद्दे पर आकर हमारी सारी समझ जवाब दे जाती है। कोई व्यक्ति कितना ही उदार और खुले दिमाग का दिखता हो, पर धर्म पर बात आते ही वह बिलकुल अलग सा दिखाई देने लगता है। बेहतर यही होगा कि इस तथ्य पर उलझकर अपना कीमती समय नष्ट न करें।

अब समय यह जानने का नहीं है कि किसका धर्म सबसे प्राचीन या श्रेष्ठ है बल्कि यह जानने का है कि हम अपने बच्चों का भविष्य किस दिशा में ले जा रहे हैं। क्या यह उचित नहीं होगा कि हम सब जिस भी धर्म को मानते हैं, उसी को मानते रहें और जो भी जिस धर्म को मानता है, उसे मानता रहने दें।

पैसा ही सब बुराइयों की जड़ है

8 जनवरी, 2006 दिल्ली के इतिहास में 70 साल का सबसे अधिक ठंडा दिन था। बस ठंड के कारण 150 लोगों के मारे जाने की खबर भी अखबारों में छपी। हर साल गरमियों में हम लू से मरने वालों की खबरें पढ़ते हैं। मुझे नहीं लगता कि इन लोगों की मृत्यु ठंड या गरमी के कारण हुई, यह तो सिर्फ बहाना है इनकी मृत्यु का। असली कारण है 'गरीबी' अर्थात् पैसे का अभाव।

लाखों लोग दुनिया में ऐसी बीमारियों के कारण दम तोड़ रहे हैं, जिनका इलाज मामूली दवाओं से भी हो सकता है। परंतु उनके पास या तो ये दवाएँ खरीदने की ताकत नहीं है अथवा कोई उन तक यह जानकारी व दवा पहुँचाता ही नहीं है; क्योंकि वे गरीब हैं। आज विज्ञान ने इतनी तरक्की कर ली है कि हृदय रोग में भी व्यक्ति की जान बचाई जा सकती है तथा बचाई जा रही है। परंतु अभी भी हमारे देश में लोग बुखार, खाँसी आदि बीमारी से मर रहे हैं। और तो और, आज भी लाखों बच्चे पैदा होने के पहले ही या पैदा होते हुए मारे जा रहे है, क्यों? क्योंकि पैसे की कमी के कारण उन्हें बुनियादी सुविधाएँ ही उपलब्ध नहीं हैं।

आज भी ऐसी खबरों की कमी नहीं, जहाँ माता-पिता अपने बच्चों को केवल कुछ पैसों के लिए बेच देते हैं अथवा कम उम्र में ही उनसे काम करवाते हैं। मनुष्य ऐसी हरकतें कर रहा है जो शायद जानवर भी न करें, सिर्फ चंद रुपयों

के अभाव के कारण।

हमारे देश के राष्ट्रपति ए.पी.जे. अब्दुल कलामजी ने ठीक ही कहा है कि हिंदुस्तान का इस समय यदि सबसे बड़ा शत्रु है तो वह गरीबी। जब तक गरीबी के दानव को जड़ से खत्म नहीं किया जाएगा तब तक भ्रष्टाचार, आतंकवाद, निरक्षरता, सांप्रदायिकता आदि की फसल लगती रहेगी। यदि हम किसी भी समस्या की गहराई में जाएँ तो पाएँगे कि उसका मूल कारण है—'गरीबी।'

मेरा कहने का अर्थ यह कदापि नहीं है कि गरीब लोग गलत काम करते हैं, बल्कि मैं यह कह रहा हूँ कि वे ही सब बीमारियों, प्राकृतिक आपदाओं, निरक्षरता तथा आतंकवाद का शिकार होते हैं; क्योंकि उनके पास पैसा नहीं। इसलिए यह जरूरी है कि हम इस गरीबी रूपी महामारी को एक बीमारी समझकर स्वीकार करें तथा इससे मुक्ति दिलाने के लिए हर भारतवासी को सहयोग दें, ताकि हमारा देश फिर से सोने की चिड़िया बन सके जहाँ सब लोग आपस में प्रेम तथा भाईचारे के साथ इज्जत से जी सकें।

आइए, आप और हम मिलकर अपने भारत को सुखी, स्वस्थ एवं समृद्ध देश बनाएँ, ताकि हम अपनी आनेवाली पीढ़ी से आँखें मिलाकर यह कह सकें कि हमने अपनी मेहनत से इस भव्य भारत का निर्माण किया है।

□

दिमाग का सबसे बड़ा ताला है स्वयं,
लोगों तथा परिस्थितियों के प्रति गलत धारणा।

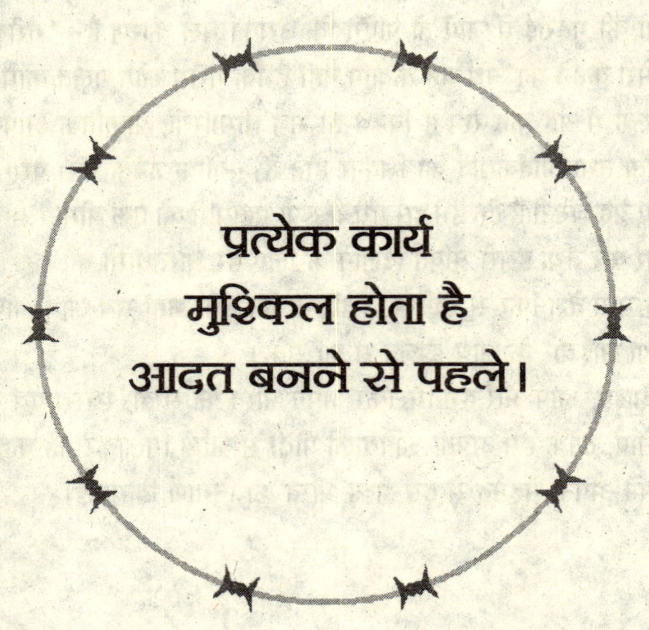
प्रत्येक कार्य
मुश्किल होता है
आदत बनने से पहले।

आदतें जिंदगी के साथ भी, जिंदगी के बाद भी

आदतें जिंदगी के साथ इसलिए हैं; क्योंकि यही हमारे जीवन की दिशा को निर्धारित करती हैं। और जिंदगी के बाद इसलिए, क्योंकि यही आदतें हमारे बच्चों में हस्तांतरित हो जाती हैं तथा उनके जीवन में दिशा एवं दशा का निर्धारण करती हैं। अतः हम में सही आदतों का होना अति आवश्यक है। अपनी आदतों को जाँचने का मेरा पैमाना बड़ा सरल है, जो इस प्रकार है—

ऐसी कोई भी आदत, जो आप अपने बच्चों में नहीं देखना, चाहते वह आप में नहीं होनी चाहिए। कोशिश करें कि बच्चों को कोई हिदायत या नसीहत देने से पहले खुद की जाँच कर लें कि क्या आप उन्हें नसीहत देने के हकदार हैं? आप अपनी आदतों को उस पैमाने से परखकर देखें।

हम बच्चों को जन्म तो देते हैं, परंतु जिंदगी की भाग-दौड़ में उनका सही पाल पोषण करना भूल जाते हैं। सही पालन-पोषण का अर्थ महँगी शिक्षा, महँगे कपड़े, महँगे शौक और महँगे खिलौने उपलब्ध करवाने से नहीं बल्कि अच्छी आदतों से भी है। मेरे विचार में जिस प्रकार हम अपनी सारी संपत्ति तथा देनदारी अपने बच्चों में डाल देते हैं, उसका शायद हमें एहसास भी नहीं होता और अगर होता भी है तो देर से होता है। आदतें संस्कार का एक हिस्सा हैं। इसलिए बच्चों में अच्छी आदतें संस्कार के तौर पर डालें। बच्चे वह नहीं करते, जो आप उनसे करने के लिए कहते हैं, बल्कि वे वही करते हैं, जो आपको करते हुए देखते हैं। अतः अपने आचरण पर ध्यान दें, उनके

सामने श्रेष्ठ उदाहरण प्रस्तुत करें तथा कुछ गैर-जरूरी आराम का बलिदान करने को तैयार रहें।

आदतों के गुलाम

बंदर को पकड़ने के लिए मदारी पंजे के आकार का एक छोटा सा पिंजरा जंगल में रख देते हैं, जिसमें कुछ मूँगफली के दाने पड़े होते हैं। बंदर मूँगफली के लालच में पेड़ से उतरकर आता है और जैसे ही मूँगफली उठाने के लिए हाथ पिंजरे में डालता है, वह बंद हो जाता है। इस प्रकार बंदर का हाथ उसमें फँस जाता है, परंतु उस पिंजरे का छेद इतना जरूर खुला होता है कि यदि बंदर हाथ में पकड़ी हुई मूँगफली छोड़ दे तो हाथ सीधा करके बाहर निकल सकता है। परंतु बंदर मूँगफली को नहीं छोड़ता और वह फँसा रह जाता है। जब भी मैं यह किस्सा अपने सेमिनार में सुनाता हूँ तो लोग बंदर की बेवकूफी पर तरस खाते हैं। बंदर तो फिर भी जानवर है, उसमें इतनी विवेक शक्ति नहीं कि वह लालच, अच्छा-बुरा समझ सके। हम अपने आप को सबसे 'अक्लमंद' प्राणी मानते तो हैं, परंतु कभी-कभी बंदर जैसा व्यवहार करते हैं। उदाहरण के लिए, हम सब जानते हैं कि सिगरेट, गुटखा, शराब आदि बुरी चीजें हैं, इनसे सेहत का नुकसान होता है, जो हमारे परिवार के लिए भयंकर मुसीबत पैदा कर सकती हैं। फिर भी बंदर की तरह उन आदतों को पकड़े रहते हैं तथा स्वास्थ्य एवं खुशहाली रूपी फलों से दूर हो जाते हैं।

हमें चाहिए कि हम जागें एवं अपनी आदतों के प्रति जागरूक हों। कोई भी चीज कल पर न छोड़ें और उसे अभी करें। यही आदतें हम अपने बच्चों को सौगात के रूप में देते हैं। क्या कोई माता-पिता अपने बच्चे को सड़ा हुआ सेब देना पसंद करेंगे? यदि नहीं, तो फिर हम बच्चों को गलत आदतें क्यों दें?

लोग बच्चों के भविष्य की सुरक्षा के प्रति आजकल बहुत जागरूक हैं। वे तरह-तरह की जीवन बीमा योजनाएँ लेते हैं। यह बहुत अच्छी बात है। परंतु यदि आप उनका भविष्य हकीकत में सुरक्षित बनाना चाहते हैं तो उन्हें

अच्छी आदतों की सौगात दें, उन्हें लक्ष्य बनाना तथा हासिल करना सिखाएँ, टालना नहीं। और इस सब की शुरुआत स्वयं का उदाहरण बनकर देनी होगी, न कि भाषण देकर या डाँटकर।

हाथी की ताकत

ऑफिस आते हुए मैंने एक नजारा देखा, जो मैंने पहले भी काफी बार देखा था, पर शायद ध्यान नहीं दिया था और वह यह था कि एक पेड़ के तने से एक विशाल हाथी बँधा हुआ है, जिसकी रस्सी बहुत ही पतली है। जब मेरी नजर उस हाथी पर गई तो दिमाग में यह सवाल उठा कि इतना विशाल एवं ताकतवर होने के बावजूद यह हाथी इतनी पतली रस्सी से मजबूर होकर क्यों बँधा है। मुझे पूरा यकीन था कि यदि हाथी चाहे तो वह रस्सी तोड़ सकता है, परंतु फिर तोड़ता क्यों नहीं? मैंने अपनी इस उत्सुकता को शांत करने के लिए हाथी के महावत से पूछा, ''भाई साहब, इस चमत्कार का क्या राज है, कैसे आप इतने बड़े हाथी को काबू में रखते हैं? क्या यह छूटने की कोशिश नहीं करता?'' वह बोला, ''छूटने की इसने बहुत कोशिश की थी, जब यह छोटा था। हम लोग तब इसे मोटे-मोटे लोहे की जंजीरों से बाँधते थे। परंतु लाख कोशिश करने पर भी यह छूट नहीं पाता था। धीरे-धीरे इसने प्रयास करना कम कर दिया और आखिर में बिलकुल ही बंद कर दिया। अब रस्सी तो कमजोर है, पर इसे लगता है कि यह भी नहीं टूटेगी और बँधा खड़ा रहता है।'' उसका जवाब सुनकर मेरे दिमाग में जैसे बिजली सी कौंध गई, मुझे एहसास हुआ कि कहीं हम लोगों की भी मानसिकता इस हाथी की तरह तो नहीं हो गई है। हम भी तो अपनी गलत आदतों के साथ बँधे पड़े रहते हैं और सोचते हैं कि उनका टूटना मुश्किल है। ऐसे ही कई लोगों का कहना है कि ''मैं सिगरेट छोड़ना चाहता हूँ, पर छूटती नहीं या मैं सुबह जल्दी उठना चाहता हूँ, पर उठ नहीं पाता।'' यह वाक्य सुनकर मुझे उस हाथी की याद आती है। जो इन्हीं गलत विचारों का गुलाम बनकर सारी जिंदगी एक मामूली सी रस्सी से बँधे-बँधे गुजार देता है।

> *काम करनेवाले के लिए काम कभी खत्म नहीं होता, हमेशा एक नया काम तैयार रहता है।*

बदली परिस्थितियों को पहचाने, उबला हुआ मेढक

चीनी लोग मेढक खाते हैं। इसको खाने के लिए पहले वे पानी को गरम करते थे, फिर उसमें जिंदा मेढक डालते थे, लेकिन होता क्या था कि मेढक पानी की गरमी की वजह से एकदम बाहर निकल आता था। परंतु अब वे पहले साधारण पानी में मेढक डाल देते हैं। वह उसमें तैरने लगता है, फिर धीरे-धीरे बरतन को धीमी आँच पर गरम किया जाता है। इसमें हैरानी की बात यह है कि मेढक को पता ही नहीं चलता कि वह कब पक जाता है। क्या आप जानते हैं कि इसका कारण क्या है? कारण है : मेढक धीरे-धीरे बढ़ती गरमी के साथ अपने को ढालता रहता है और जब तक उसको इसकी गंभीरता का पता लगे, तब तक बहुत देर हो चुकी होती है। इसलिए बहुत जरूरी है कि हम अपने विकास के लिए निरंतर अपने में अच्छे परिवर्तन करते रहें, कुछ नया सीखते रहें। हमें जान-बूझकर किसी गलत आदत का शिकार नहीं होना चाहिए। अगर हम इन बदलती परिस्थितियों और समय की नब्ज को नहीं पहचानेंगे तो मेढक की तरह खाद्य हो सकते हैं। अधिकतर लोग अपने आलस की आदत के शिकार होकर जिंदगी में तरक्की नहीं कर पाते, जबकि उनके पास प्रतिभा और अवसर की कमी नहीं होती।

मुझे लगता है कि यदि व्यक्ति चाहे तो कोई भी आदत एक क्षण में छोड़ सकता है, यदि वह उसका दृढ़ निश्चय कर ले। केवल एक इच्छा नहीं, दिक्कत तब होती है जब हम सिर्फ इच्छा रखते हैं परंतु लक्ष्य नहीं बनाते। हम अपनी आदतें बदले बिना अपने हालात में परिवर्तन चाहते हैं। क्या ऐसा संभव हो सकता है? हाँ, ऐसा हो तो सकता है, परंतु चमत्कार से। चमत्कार की उम्मीद में अमूल्य जीवन को गँवाना कोई समझदारी का काम नहीं होगा, इसलिए अच्छा यही है कि हम अपनी आदतों के प्रति जागरूक रहें, अपनी

दशा एवं दिशा की जिम्मेदारी स्वयं पर लें तथा अपनी आदतों के प्रति जागरूक रहें एवं अपनी आदतों को सुधारने की इच्छा ही नहीं बल्कि लक्ष्य भी बनाएँ।

जीवन में 'पड़ता है' के स्थान पर 'चाहता हूँ' पर अमल करें

मैंने देखा है, कुछ लोग काम पर जाने में खुशी महसूस करते हैं तथा कुछ लोगों को काम पर जाना अच्छा नहीं लगता है और वे किसी-न-किसी कारण से उदास रहते हैं। जबकि उन दोनों की आमदनी में कोई अंतर नहीं होता। पारिवारिक स्थिति भी लगभग एक जैसी हो तब भी कुछ लोग काम और घर दोनों जगह रहते हैं तथा अपने साथ के लोगों को भी खुश रखते हैं। पर कुछ लोगों का जीवन हमेशा खीझ, असंतुष्टि, शिकायतों आदि में ही बीतता है।

ऐसे लोगों को अपने जीवन से सदा गिला-शिकवा रहता है। उन्हें काम में, कंपनी में, स्वयं में, परिवार में, सब में कुछ-न-कुछ कमी दिखाई देती है। वे स्वयं भी परेशान रहते हैं तथा दूसरों को भी परेशान रखते हैं। मैंने अपने अनुभव से जाना कि यहाँ कर्मों के साथ-साथ जो सबसे मुख्य फर्क है, लोगों के जीने का तरीका, उनके सोचने का तरीका एवं हालात के प्रति उनका नकारात्मक रवैया।

मजबूरी है या जरूरी है? कोई भी कार्य आप चाहें तो मजबूरी समझकर भी कर सकते हैं अथवा जरूरी समझकर। परंतु यदि मजबूरी समझकर करेंगे तो आप कार्य की प्रक्रिया का आनंद नहीं ले पाएँगे और यदि जरूरी समझकर करेंगे तो कार्य की प्रक्रिया का आनंद भी उठा पाएँगे और वह कार्य आपको बोझ नहीं लगेगा।

मैंने एक सेमिनार में लोगों को सुखी, पारिवारिक जिंदगी के लिए सलाह दी कि वे अपने परिवार को छुट्टी के दिन कहीं घुमाने ले जाया करें। एक सज्जन को शायद मेरी यह सलाह पसंद नहीं आई, उन्होंने कहा, "आप कैसी बात करते हैं। एक तो पहले ही छह दिन तक काम में पिसता रहता हूँ, ऊपर से आप कहते हैं कि छुट्टी के दिन भी परिवार को कहीं घुमाने ले जाऊँ।

मैंने उनसे बड़े विनम्र भाव से कहा, "आखिर आप काम पर पिसने के

लिए जाते ही क्यों हैं? मुझे समझ नहीं आया कि कैसे कोई छह दिन लगातार अपनी मरजी से तकलीफें उठाने जाता है। क्या आपकी कंपनी आप को फोन करके घर से बुलाती है?'' उन्होंने कहा, ''नहीं'', फिर मैंने उनसे कहा, ''क्या आप को नहीं लगता कि आप अपनी इच्छा से काम पर जाते हैं। कोई आपको जबरदस्ती नहीं बुलाता, यानी आप अपनी मरजी से पिसने जाते हैं, इसमें दोष किसका है? यदि आपकी जगह किसी और को काम पर रख लिया जाए अथवा आपके बच्चों को घुमाने के लिए कोई और तैयार हो जाए तो क्या आप को अच्छा लगेगा?'' इस पर सज्जन निरुतर हो गए।

हमें चाहिए कि अपनी सोच बदलें। अपने जीवन से 'पड़ता है' को हटाएँ तथा 'चाहता हूँ' को इस्तेमाल करें। इससे आपको जीवन में आनंद का अनुभव होगा। कुछ काम जिंदगी के ऐसे होते हैं, जो करने पड़ते हैं, लेकिन अगर उनको हम खुशी-खुशी करेंगे तो वह काम मजबूरी में नहीं वरन् उस काम को करने में आनंद आएगा।

ज्यादा खाने की आदत

एक युवती अपने मायके आई। उसे लेने उसके पति भी उसके मायके पहुँचे। वहाँ जब वह खाना खाने लगे तो एक पूड़ी को एक ही कौर में खा लेते थे। खाना खिलाने वाले परेशान, इधर पूड़ी दी नहीं कि उधर खत्म। परोसने वाले जब तक लौटकर आए पूड़ी नदारद। पत्नी वहीं खड़ी चुपचाप देख रही थी, उसे खुद पर शर्म आने लगी, लोग क्या कहेंगे कि कैसा पति मिला है? उसने किसी को न देखकर अपने पति को दो उँगलियों से इशारा किया कि पूड़ी के दो टुकड़े कर के खाए। पति ने समझा कि पत्नी इशारे से दो पूड़ी एक साथ खाने को कह रही है। उसकी पत्नी ने सिर ठोक लिया। जब दोनों की एक-दूसरे से बात हुई तो पत्नी ने कहा, तुमने तो हद कर दी, पहले ही ठीक थे। एक निवाले में एक पूड़ी नहीं खाते, पर जैसे ही मैंने इशारे से बताना चाहा कि पूड़ी के कम-से-कम दो निवाले तो बना लो, तो तुमने दो पूड़ी एक ही निवाले में खाना शुरू कर दिया।

पति ने कहा कि आपको पता नहीं कि हम किस परिवार से हैं। मैं तो कुछ भी नहीं, मेरे स्वर्गवासी पिता जब भी कहीं किसी के यहाँ भोजन करने जाते थे, उनको बैलगाड़ी में डालकर वापस घर लाना पड़ता था। एक बार तो उनकी हालत इतनी खराब हो गई थी कि उनको किसी तरह से घर लाया गया। फिर वैद्य ने आते ही गोली दी तो उन्होंने आँखें खोलकर कहा कि 'वैद्यराज, अगर इसकी जगह होती तो एक लड्डू और न खा लेता। अब और जगह कहाँ!'

कंजूसी की आदत

ढब्बूजी पनवाड़ी की दुकान में पहुँचे और पान वाले को पान लगाने के लिए कहा। 'थोड़ी और तंबाकू डालिए' पनवाड़ी ने कहे अनुसार तंबाकू डाल दी। 'यार, जरा लौंग और पिपरमेंट भी थोड़ा तेज'। उसने वैसा ही किया। 'अरे गुलकंद लगाना तो भूल गए', पान वाले ने अनमने भाव से गुलकंद भी लगा दिया। 'अब एक इलायची और डालो कुछ स्वाद तो आए कम-से-कम'। इलायची डाले जाने पर उन्होंने पुनः आग्रह किया, 'अरे पनवाड़ीजी, यदि पान-बहार मसाला हो तो थोड़ा वह भी डालिए और जरा चमन-बहार तेज!' दुकानदार से अब न रहा गया। गुस्से में वह बोला, 'जनाब, यदि आप आदेश दें तो आपका यह पच्चीस पैसे का सिक्का भी इसी में डाल दूँ।'

□

प्रत्येक सीढ़ी चढ़ने से सीढ़ी बनती है, उसके पहले व सिर्फ पत्थर होती है। जब तक कोई उस पर चढ़ता नहीं, तब तक उसे सीढ़ी नहीं कहा जा सकता है, वह चढ़ने से ही सीढ़ी बनती है, कुछ नासमझ सीढ़ियों को भी पत्थर बना लेते हैं। और कुछ समझदार पत्थरों पर भी चढ़ते हैं तथा उनको सीढ़ियाँ बना लेते हैं।

विचारों पर गौर करें,
ये आपके वचन बनते हैं।
वचनों पर गौर करें,
ये आपके कर्म बनते हैं।
कर्मों पर गौर करें,
ये आपकी आदत बनते हैं।
आदतों पर गौर करें,
ये आपका चरित्र बनाती हैं।

शब्दों तथा फोकस की ताकत

शब्द तथा विचार एक-दूसरे को प्रभावित करते हैं

बोलते हुए हमेशा यह ध्यान रखें कि अगर यही शब्द मेरे आखिरी शब्द हुए तो लोग मेरे बारे में क्या सोचेंगे। जैसे महात्मा गांधी के अंतिम शब्द थे—'हे राम' तथा उनकी समाधि पर आज भी ये शब्द अंकित हैं। यदि कहीं 'हाय राम' निकल गया होता तो सोचिए क्या होता?

अत: शब्दों का चयन एवं इस्तेमाल सोच-विचार कर करें। यह जीभ भी हमारी सबसे बड़ी दोस्त या दुश्मन साबित हो सकती है। इसी जीभ से आशीर्वाद और इसी जीभ से श्राप भी निकल सकता है, मरजी आपकी है।

जीभ ने दाँत से कहा कि "जरा ध्यान रखना, मैं अंदर हूँ, मुझे काटना नहीं।"

दाँत ने जीभ से कहा कि "मैं तो आपका ध्यान रखूँगा, पर आप ध्यान रखना कि मुझे तुड़वाना नहीं है।"

यदि व्यक्ति वार्त्तालाप का हुनर जान जाए अथवा सीख ले तो उसके सफल होने के आसार दूसरों की अपेक्षा अवश्य ज्यादा ही होंगे।

खुदा को भी नहीं मंजूर सख्ती बयाँ में इसलिए
शायद नहीं दी हड्डी जवाँ में

इसी क्रम में मुझे एक गाने का ध्यान आता है, जिसे हम बचपन से सुनते आए हैं :

हम होंगे कामयाब, हम होंगे कामयाब, हम होंगे कामयाब एक दिन, मन में है विश्वास, पूरा है विश्वास, हम होंगे कामयाब एक दिन

मुझे याद है, लगभग चौथी कक्षा से इस गाने को हम रोज प्रार्थना सभा में गाया करते थे और यही गाना गाते हुए हम बारहवीं कक्षा में पहुँच गए। एक दिन मैंने अपने दोस्त से पूछा, "चौथी कक्षा से गा रहे हैं 'हम होंगे कामयाब एक दिन', आखिर हम कमयाब कब होंगे?" इस पर मेरे दोस्त का जवाब था, "दोस्त, चुपचाप गाता रह, क्योंकि हमारे पिताजी भी यही गाते थे। यह तो सिर्फ गाना है, कभी गाना गाने से कामयाबी मिलती है क्या?"

आपको नहीं लगता कि हमें ऐसे शब्दों के इस्तेमाल करने की आदत पड़ गई है, जिनसे प्रेरणा नहीं बल्कि आलस्य झलकता है। इसका उदाहरण आप वर्ष के आखिरी दिन यानी 31 दिसंबर को देख सकते हैं। जब लोग कॉपी-पेन लेकर बैठते हैं और नए साल के लिए किए जाने वाले प्रण लिखते हैं। जैसे कि एक जनवरी से शराब-सिगरेट बंद, एक जनवरी से सुबह सैर शुरू, एक जनवरी से पढ़ाई शुरू आदि-आदि और 7 जनवरी आते-आते वे प्रण कागज तक ही सीमित रह जाते हैं। फिर सिलसिला शुरू होता है बहानों का। 1 जनवरी तो अग्रेजों के हिसाब से नया साल है। हम हिंदुस्तानियों का तो नया साल 14 अप्रैल से शुरू होता है। इसलिए हम फिर 13 अप्रैल को पेन लेकर बैठते हैं। और 20 अप्रैल तक आते-आते परिणाम वही ढाक के तीन पात, पर हम हिम्मत नहीं हारते और फिर यह सोचकर दिल को बहला लेते हैं कि चलो, अब तो चार महीने बीत ही चुके हैं, अब फिर से जनवरी आने दो। और ऐसे ही करते-करते हमारा जीवन बीत जाता है। मैंने लोगों को कहते सुना कि "कल से मैं शराब छोड़ रहा हूँ, इसलिए चलो सारी बोतलें आज ही पी डालें या कल से सिगरेट छोड़ रहा हूँ, इसलिए आज सारे पैकेट पी डालो।" यानी हर काम हम कल करेंगे, पर आज कुछ नहीं। हर परिवर्तन कल से होगा, आज कुछ नहीं।

हम होंगे कामयाब वाला एक दिन शायद जिंदगी में कभी नहीं आता। यदि कोई काम हो सकता है तो वह अभी हो सकता है अन्यथा कभी नहीं,

इसलिए शुरुआत कीजिए, "आज से और अभी से।"

धन्यवाद एवं क्षमा : एक सरल एवं कामयाब तरीका

आप सभी जानते हैं कि यदि किसी भी मशीन को अधिक समय तक सही अवस्था में रखना है तो समय-समय पर उसको सर्विस की जरूरत होती है। यदि समय-समय पर मशीन की सर्विसिंग न की जाए तो उसकी आयु कम हो जाती है। हमारे मानवीय संबंध कभी-कभी समय के साथ-साथ हमारी कुछ गलत आदतों के कारण टूटने के कगार (ब्रेक डाउन) पर पहुँच जाते हैं। परंतु यदि सही समय पर सही शब्दों का यानी 'धन्यवाद' तथा 'माफ करें' का प्रयोग करें तो संबंधों में उत्पन्न तनाव उसी समय समाप्त किया जा सकता है। किसी विदेशी अग्नि शमन विभाग की राय है कि दुनिया में लगी 80 प्रतिशत भयंकर आग की दुर्घटनाएँ रुक सकती हैं, यदि सही समय एवं जगह पर एक प्याला पानी डाल दिया जाए। परंतु एक बार आग भड़कने के बाद फायर ब्रिगेड की दर्जनों गाड़ियाँ भी उस आग को बड़ी मुश्किल से नियंत्रित कर पाती हैं। साथ ही 'धन्यवाद' तथा 'माफ करें' इसका इस्तेमाल सही लहजे में भी किया जाए तो आपसी संबंधों को मधुर बनाए रखने के लिए बहुत ही प्रभावशाली और सरल तरीका है।

> *जीवन की विडंबना यह नहीं कि लोग लक्ष्य प्राप्त नहीं कर पाते, बल्कि यह है कि लक्ष्य होते ही नहीं हैं*

पत्नी को धन्यवाद कहना

एक सेमिनार के दौरान मैं लोगों को बता रहा था कि मैं अपनी पत्नी को पानी देने या खाना देने पर भी धन्यवाद बोलता हूँ। अभी मैंने इतना कहा ही था कि एक सज्जन खड़े हो गए और बोले, "श्रीमानजी, आप सुबह से हमें बहुत अच्छी बातें बता रहे हैं, बड़ा अच्छा लग रहा है, लेकिन यह आप क्या कह रहे हैं? आप अपनी पत्नी को पानी देने पर भी 'धन्यवाद' कहते हैं।"

मैंने कहा, "जी हाँ, यह सच है।" वह बोले, "यह कोई खास काम नहीं है। यह तो सब की पत्नी करती हैं।"

मैंने कहा, "साहब, खास बात यह है कि सबकी पत्नी अपने-अपने पति को पानी देती है। मुझे तो सिर्फ मेरी पत्नी ही पानी देती है।" वह बोले, "ये भी कोई बात हुई।" मैंने उन्हें अपनी बात स्पष्ट शब्दों में समझाई, "देखिए साहब, मेरी पत्नी हमारे घर एवं घर के सभी सदस्यों का ध्यान रखती है। हमारे बच्चों को सँभालती है और भी बहुत से काम करती है। इन सब चीजों के बदले में मेरा धन्यवाद शब्द का इस्तेमाल करते ही मेरी पत्नी खुश हो जाती हैं।"

इतने पर भी वह सज्जन नहीं माने, थोड़ी सी धीमी आवाज में बोले, "इसमें बड़ी बात क्या है, सारा दिन तो पत्नी घर पर रहती है।" मैंने उन्हें समझाने के लिए थोड़े मजाक भरे लहजे में कहा, "साहब, चलो फिर इसी बात पर धन्यवाद करिए कि वह सारा दिन घर में तो रहती है।" आपको कैसा लगेगा, यदि आपके काम पर जाने के बाद पत्नी घर में न रहे। अब उनकी समझ में शायद बात आ गई और वह चुपचाप बैठ गए। मैंने फिर से थोड़ी सी चुटकी लेते हुए कहा, "सर, अब तो अपनी पत्नी को जरूर धन्यवाद कहना चाहिए।" उन्होंने पूछा, 'क्यों'। मैंने कहा, "वह इसलिए कि वह आप जैसे पति का साथ होते हुए भी घर पर ही रहती है।"

> ***किसी भी माता-पिता के लिए सबसे बड़ा दुःख वह है, जब वे अपनी किसी गलत आदत को अपने बच्चे में देखते हैं।***

फोकस की ताकत

एक बार एक बच्चे ने अपनी माँ से पूछा, "माँ, किसी को खुश करने का सबसे आसान और अच्छा तरीका क्या है?" माँ ने कहा, "यह मैं बाद में बताऊँगी, पहले जाओ और अपने दादाजी से उनकी तबीयत के बारे में पूछकर

आओ।'' बेटा बीमार दादाजी के पास गया और पूछा, ''दादाजी, आपकी तबीयत कैसी है?''

दादाजी ने कहा, ''बेटा, तबीयत ठीक नहीं है। सारा बदन दर्द कर रहा है और घुटने का दर्द तो जाने का नाम नहीं ले रहा।'' दादाजी के चेहरे पर उनका दर्द साफ झलक रहा था। बेटा वापस माँ के पास गया तथा माँ से अपना सवाल फिर दोहराया, ''माँ, किसी को खुश करने का सबसे आसान और अच्छा तरीका क्या है?'' माँ ने बिना जवाब दिए अपने बेटे से कहा, ''दादाजी के पास फिर जाओ और उनसे पूछो कि आपकी जिंदगी के सबसे खुशी के दिन कौन से थे? फिर मैं तुम्हारी बात का जवाब दूँगी।''

बेटा फिर अपने दादाजी के पास गया, माँ द्वारा बताया गया प्रश्न दादाजी से पूछा, प्रश्न सुनकर दादाजी ने आँखें बंद कर ली और जब उन्होंने आँखें खोलीं, उनके चेहरे पर एक खुशी की लहर थी, आँखों में चमक तथा उत्साह साफ झलक रहा था।

वह बोले, ''जब मैंने पहली बार तुम्हें छुआ था तो मुझे एक अजीब सी खुशी का एहसास हुआ था। और जब तुम्हारे पिता ने पहली बार मुझे पापा कहा था, जब चलने के लिए पहले कदम रखा था। जब मैं और तुम घूमने जाते हैं। तब मुझे ऐसा महसूस होता है जैसे मैं इस दुनिया का सबसे खुशकिस्मत इनसान हूँ।''

अचानक से दादाजी के चेहरे में आए परिवर्तन को देखकर बच्चा हैरान हो गया तथा वापस अपनी माँ के पास गया और सारा किस्सा सुनाया। सुनने के बाद माँ बच्चे से बोली, ''क्या अब तुम्हें अपने सवाल का जवाब मिल गया?''

बच्चे ने कहा, ''लेकिन आपने तो अभी तक कोई जवाब नहीं दिया।'' माँ ने बच्चे को समझाते हुए कहा, ''देखो बेटा, किसी को भी खुश करने का सरल तरीका है, 'सही शब्द तथा सही फोकस' अर्थात् जिस तरह के शब्दों का तुम इस्तेमाल करोगे, तुम्हें वैसी ही प्रतिक्रिया मिलेगी। जैसा सवाल पूछोगे, वैसा ही जवाब मिलेगा। इसलिए अपने शब्दों पर ध्यान दो।

"जब तुमने अपने दादाजी से उनकी तबीयत के बारे में पूछा तो तुमने उनका फोकस उनके दर्द की ओर दिलाया तथा उनकी पीड़ा तुम्हें उनके चेहरे पर दिखाई दी। लेकिन जब तुमने उनसे उनकी खुशी के क्षणों के बारे में पूछा तो उनका चेहरा बीमार होते हुए भी खुशी से खिल उठा अर्थात् उनके दिमाग में खुशी के विचार आने लगे और वे खुश दिखाई देने लगे।"

मुझे भी लगता है कि यह तकनीक बहुत कारगर है। जैसे शब्दों/प्रश्नों का हम इस्तेमाल करते हैं, वैसे ही विचार बनते हैं एवं हमारा ध्यान उन्हीं चीजों की तरफ जाता है। इसका उदाहरण सिनेमाघर में रोते हुए लोग, डरे हुए लोग एवं हँसते हुए लोग हैं। यह पता होते हुए भी कि सामने केवल धूप-छाया का खेल हो रहा है, हम उससे जुड़ जाते हैं।

यदि इसी प्रक्रिया को हम जागरूक रहते हुए आपसी संबंधों में सुधार के लिए इस्तेमाल करें तथा अपने ध्यान (Focus) की शक्ति का सही इस्तेमाल कर ठीक प्रश्नों/शब्दों का इस्तेमाल करें तो हमारे जीवन में भी बहुत परिवर्तन आ सकता है।

'प्रश्न' फोकस को बदलने का सबसे तीव्र तरीका है। अगर आप अपने आपसे बेहतर प्रश्न पूछते हैं तो आपको बेहतर उत्तर मिलता है। जो प्रश्न आप अपने आपसे पूछते हैं, उनसे आपका फोकस मजबूत होता है। यीशु कहते हैं, "पूछो, तुम्हें उत्तर प्राप्त होगा।"

अगले पृष्ठ पर चार प्रश्न दिए गए हैं। जिनके उत्तर आपको आपके फोकस बदलने में सहायक सिद्ध हो सकते हैं।

आप किस बात पर खुश हैं? (ऐसी चीजें, जो हमारे पास हैं तथा जिनके बिना खुश रहना असंभव होता। उदाहरण के लिए स्वस्थ शरीर, रोजगार तथा परिवार आदि।)

आप किस बात पर गर्व महसूस करते हैं? (ऐसे कार्य अथवा उपलब्धियाँ, जो आपने सिर्फ अपनी मेहनत से हासिल की हों)

आप किन लोगों के प्रति आभार महसूस करते हैं। (ऐसे लोग, जिन्होंने कभी-न-कभी, किसी-न-किसी रूप में आपकी मदद की हो)

आप किन से प्रेम करते हैं? आपसे कौन प्रेम करता है?

यदि आप इन सवालों के जवाब ईमानदारी से देंगे तो आप पाएँगे कि आपका अपने जीवन के प्रति दृष्टिकोण सकारात्मक एवं जोश से भरा है या नहीं।

□

इस दुनिया में बहुत सी चीजें देखी और छुई नहीं जा सकतीं, उन्हें केवल दिल से महसूस किया जा सकता है।

जब आप अपनी
उपलब्धियों की चर्चा अपने
लक्ष्यों से ज्यादा करने लगें,
समझ लीजिए,
आप बूढ़े हो गए हैं।

जीवन में केवल इच्छाएँ नहीं, बल्कि लक्ष्य बनाने तथा हासिल करने की आदत डालें!

एक बार एक राहगीर ने चौराहे को पार करते हुए सामने खड़े एक व्यक्ति से पूछा, ''मुझे कौन से मार्ग से जाना चाहिए?'' व्यक्ति ने कहा, ''आप कहाँ जाना चाहते हैं?'' राहगीर ने कहा, ''मुझे नहीं मालूम।'' व्यक्ति ने जवाब दिया, ''तब तो आप किसी भी मार्ग पर जा सकते हैं।'' बिना लक्ष्य के व्यक्ति दिशाहीन हो जाता है।

यदि इच्छाओं के घोड़े होते तो सब भिखारी घुड़सवारी कर रहे होते। परंतु जीवन में केवल इच्छाओं से कुछ नहीं मिलता, बल्कि हमें उन्हें हासिल करना होता है, वह भी बूँदों में। मुझे आज तक कोई ऐसा व्यक्ति नहीं मिला, जो खुश न रहना चाहता हो, परिवार को खुश न रखना चाहता हो, अमीर न होना चाहता हो, कामयाब न होना चाहता हो।

''सब लोग सबकुछ चाहते हैं, पर पाते नहीं।'' और इसका मुख्य कारण है सिर्फ चाहते हैं, बस। उसको न तो जीवन का लक्ष्य बनाते और न ही उसे पाने के लिए कोई जरूरी कदम उठाते हैं। हद तो यह है कि कोई बदलाव लाना ही नहीं चाहते।

दरअसल, अधिकतर लोग इच्छा या लक्ष्य में फर्क नहीं समझते और यदि समझ भी लेते हैं तो केवल लक्ष्य बनाते हैं, किंतु उन्हें हासिल करने के

लिए जितनी मेहनत या त्याग की भावना की आवश्यकता होती है, उसे कर नहीं पाते। वे बीच राह में ही बैठ जाते हैं तथा स्वयं को कोई भी बहाना बनाकर समझा लेते हैं, चाहे वह किस्मत का हो या किसी अभाव का।

इच्छाओं को लक्ष्य में परिवर्तित करने के लिए निम्न गुणों का होना आवश्यक है—

- दिशा एवं योजना (Direction)
- निष्ठा एवं लगन (Dedication)
- अनुशासन (Discipline)
- समयसीमा (Deadline)

दिशा एवं योजना (Direction)—किसी भी प्रकार की लक्ष्य-प्राप्ति के लिए सबसे पहली शर्त है, किसी योजना का होना। यह जरूरी नहीं कि योजना सर्वोत्तम हो, तभी शुरू करें। योजना एवं दिशा होनी आवश्यक है। सर्वोत्तम को बेहतर का दुश्मन न बनाएँ तथा जो आपकी योजना तैयार है, उस पर आरंभ भी पहले कदम से ही होता है।

निष्ठा एवं लगन (Dedication)—लक्ष्य प्राप्ति के लिए दूसरा जरूरी चरण लक्ष्य प्राप्ति की निष्ठा एवं लगन का होना है। यानी जज्बा यह होना चाहिए कि लक्ष्य को पाना ही पाना है तथा इसके लिए जो भी प्रयास अथवा कुरबानी की जरूरत है, उसके लिए हम तैयार हैं। यदि लक्ष्य प्राप्त न होने पर हमें कोई पश्चात्ताप नहीं हो रहा तो, फिर इसका मतलब साफ है कि वह मात्र हमारी इच्छा थी, लक्ष्य नहीं। इच्छा पूरी हो जाए, खुशी होती है। पूरी न हो तो दु:ख नहीं होता, परंतु लक्ष्य प्राप्त किया जाना ही चाहिए अन्यथा दु:ख का एहसास होता है। उदाहरण के लिए, 'मैं भारत का प्रधानमंत्री बनना चाहता हूँ,' यदि यह हो जाए किसी भी तरीके से तो मुझे खुशी होगी, परंतु यदि न भी बना तो दु:ख नहीं होगा, क्योंकि इसकी प्राप्ति के लिए मैंने कोई प्रयास किया ही नहीं।

अनुशासन (Discipline)—अनुशासन का अर्थ है स्वशासन। अपने पर अपना स्वामित्व। यूँ तो अनुशासन की अनेक व्याख्याएँ हैं। परंतु इनमें जो

एक सबसे महत्त्वपूर्ण है, वह है 'जरूरी कामों' को जरूर करना तथा गैर-जरूरी कामों को बिलकुल न करना। अकसर हम देखते हैं कि लोग बहुत व्यस्त तो हैं, परंतु ऐसे अनावश्यक कार्यों में, जिनका उनके जीवन से कोई लेना-देना नहीं, जैसे—क्रिकेट, इंडियन आइडल, राजनीति आदि की चर्चा में समय बरबाद करना। मिनटों में खुशी परंतु लंबे समय तक दुःख पहुँचाने वाली गतिविधियों की ओर आकर्षित न होकर लंबे समय में लाभ पहुँचाने वाली गतिविधियों को करना चाहिए। चाहे वह शुरू में पीड़ादायक ही हो, परंतु अनुशासन का एक हिस्सा है। अधिकतर अनुशासन की इसी कमी के कारण तथा कच्चे लालच पर काबू न पाने के कारण लोग अपने लक्ष्य-प्राप्ति से चूक जाते हैं।

समयसीमा (Deadline)—यदि इच्छा से समयसीमा न जोड़ी जाए तो वह लक्ष्य में परिवर्तित नहीं होती। यह भी सही है कि समयसीमा के कारण तनाव उत्पन्न होता है, परंतु यह सृजनात्मक है। समयसीमा के कारण ही हम कार्य को करने के लिए अपनी अतिरिक्त क्षमता एवं साहस का प्रयोग करते हैं। मेरा तो यहाँ तक मानना है कि शादियाँ भी इसलिए हो पाती हैं, क्योंकि शादी के कार्ड पर तिथि छाप दी जाती है, अन्यथा तो शादियाँ स्थगित ही होती रहें।

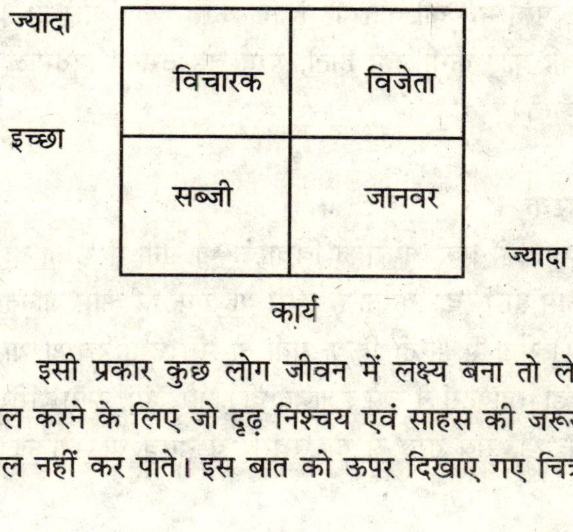

ज्यादा

इच्छा

विचारक	विजेता
सब्जी	जानवर

ज्यादा

कार्य

इसी प्रकार कुछ लोग जीवन में लक्ष्य बना तो लेते हैं, परंतु उसे हासिल करने के लिए जो दृढ़ निश्चय एवं साहस की जरूरत होती है, उसे हासिल नहीं कर पाते। इस बात को ऊपर दिखाए गए चित्र में आसानी से

समझा जा सकता है:

1. सब्जी— ऐसे लोग, जिनके जीवन में कोई लक्ष्य नहीं होता, उनके जीवन में कोई दिशा एवं गति भी नहीं होती। ऐसे लोग जो सिर्फ इसलिए जी रहे हैं, क्योंकि शायद मरे नहीं। मेरी नजर में यह सब्जी-भाजी की जिंदगी जी रहे हैं।

2. जानवर— ऐसे लोग जो कहते तो बहुत कुछ हैं, परंतु उन्हें अपने कार्य का मकसद और लक्ष्य मालूम नहीं होता। ऐसे लोग जी जरूर रहे हैं, पर क्यों? यह उन्हें मालूम नहीं होता। आपने भी जरूर देखा होगा, कभी-कभी सड़क किनारे कोई कुत्ता अचानक जोर-जोर से भौंकते हुए स्कूटर, मोटरसाइकिल का पीछा करता है, और यदि वाहन चालक वाहन रोक दे तो फिर कूँ-कूँ करता वापस चला जाता है। मुझे समझ नहीं आता, जब उसे वाहन या वाहन चालक से कोई काम नहीं है तो फिर वाहन के पीछे भागता क्यों है, शायद इसीलिए कि वह जानवर है, क्योंकि उसे पीछे भागने का लक्ष्य नहीं मालूम।

3. विचारक— ऐसे व्यक्ति जिन्हें सब पता है कि क्या उनका उद्देश्य है, क्या लक्ष्य है? इसे कैसे पाना है? यह भी पता है, सत्य यह है कि लक्ष्य बनाया बहुत बड़ा है। परंतु उसे हासिल करने के लिए जिस मेहनत एवं त्याग की जरूरत होती है, हम वह नहीं कर पाते। इन्हें सब ज्ञान है। क्या सही है और क्या गलत, परंतु मजे की बात यह है कि करते गलत वाले ही हैं। ऐसे लोगों में ज्ञान की कोई कमी नहीं होती, परंतु वह उसका इस्तेमाल अपने जीवन में नहीं करते।

फौज में विचारक

पहले महायुद्ध में एक अमरीकी विचारक भी सेना में भरती हो गया। विचारक का काम ही विचार करना है। बस वह एक ही काम जानता है—सोचना, सोचना। सेना में भरती किया गया तो पूरी तरह स्वस्थ था, कोई रुकावट नहीं पड़ी। डॉक्टरों ने उसे इजाजत दी। सारे अंग, सारा शरीर ठीक था। आँखें ठीक थीं, सब तरह से वह स्वस्थ व योग्य था, लेकिन किसी

डॉक्टर को यह कभी भी कल्पना नहीं हो सकती थी कि पूरी तरह से स्वस्थ आदमी कुछ भी करने में असमर्थ है, सिवाय सोचने के। इसका पता भी कैसे चल सकता था। आपको देखकर भी यह पता नहीं चलता, किसी को देखकर यह पता नहीं चलता। वह भरती भी हो गया और पहले ही दिन जब कवायद में खड़ा हुआ और उसको सिखाने वाले शिक्षक ने कहा, ''लेफ्ट टर्न, बाएँ घूम जाएँ'', तो सारे सैनिक घूम गए, वह खड़ा ही रहा। उस शिक्षक ने कहा, ''महाशय! क्या आपको सुनाई नहीं पड़ता?''

उसने कहा, ''सुनाई मुझे बिलकुल ठीक पड़ता है, लेकिन बिना सोचे-विचारे मैं कुछ कर नहीं सकता हूँ। मैं सोच रहा हूँ, बाएँ घूमना या नहीं घूमना।'' उसके शिक्षक ने कहा कि तब तो बड़ी कठिनाई है। इतना सोच-विचार करेंगे तो इस सैनिक की जिंदगी में चलना बहुत मुश्किल है। बहुत समझाने की कोशिश की, लेकिन कोई रास्ता न था। वह बिना सोचे-विचारे कुछ करता ही नहीं था।

और सोच-विचार कर करता तो भी ठीक था, पर इतना सोच-विचार करता था कि करने का समय ही निकल जाता था और सोच-विचार में नए सोच-विचार पैदा हो जाते थे, जिनकी श्रृंखला का कोई अंत नहीं है। पीछे पता चला कि उस व्यक्ति ने शादी करनी चाही थी और किसी युवती ने उससे निवेदन किया था। वह तीन वर्ष तक सोचता रहा पक्ष और विपक्ष में। तीन वर्ष के बाद भी वह निर्णय नहीं कर पाया कि शादी करना ठीक है या नहीं। अपनी यह खबर देने उस युवती के घर तीन वर्ष के बाद आया कि 'क्षमा करना, मैं अभी निर्णय नहीं कर पाया हूँ।' लेकिन तब तक उस स्त्री के तीन बच्चे हो चुके थे, उसकी शादी हो चुकी थी।

उस आदमी को किसी काम का न जानकर लेकिन चूँकि वह भरती हो गया था और प्रसिद्ध विचारक था, किसी-न-किसी काम में रखना जरूरी था। तो उसे जो सैनिकों का भोजनालय था, वहाँ उसे भेज दिया गया। वहाँ छोटा-मोटा काम वह कर सकेगा और पहले ही दिन उसे मटर के दाने चुनने के लिए दिए गए कि बड़े और छोटे दानों को अलग-अलग कर दे। घंटे भर बाद जब

उसका शिक्षक उसके पास पहुँचा तो वह सिर से हाथ लगाए हुए बैठा था। मटर के दाने वैसे-के-वैसे ही रखे थे। उसने पूछा, "महाशय, क्या यह भी नहीं कर सके आप?" उसने कहा, "करूँगा, लेकिन सोच लूँ। यह साफ हो गया है कि बड़े दाने भी हैं, छोटे दाने भी हैं, लेकिन कुछ बीच के दाने भी हैं। उनको क्या करना है और जब तक उनका निर्णय न हो जाए, तब तक तो व्यर्थ की उलझन में पड़ने से कोई सार नहीं है। मैंने बहुत सोचा कि बीच के दाने किस तरफ, छोटे दानों की तरफ कि बड़े दानों की तरफ, क्योंकि बीच में दाने न तो छोटे हैं और न बड़े या दोनों हैं।"

पता नहीं, उस आदमी का पीछे क्या हुआ। जो हुआ होगा, वह हम सोच सकते हैं। लेकिन हम सारे लोग भी जीवन के मसले में करीब-करीब वैसे ही आदमी हैं।

4. विजेता— ऐसे लोग जो जीवन में बड़े लक्ष्य स्थापित करते हैं तथा उन्हें हासिल करने के लिए जितनी मेहनत की आवश्यकता होती है। उसे करने से भी नहीं हिचकते। ऐसे लोग जानते हैं कि "सफलता आसानी से नहीं मिलती, परंतु यह कभी भी महँगी नहीं होती।"

लक्ष्य की विशेषताएँ

विशिष्ट (Specific) : विशिष्ट लक्ष्य में निम्नलिखित बातें शामिल हैं—

- क्या : क्या प्राप्त करना है?
- क्यों : उद्देश्य, कारण, लाभ?
- कैसे : आवश्यकताएँ और मुश्किलें?
- कब : समय अवधि क्या है?
- कहाँ : स्थान?
- कौन : लक्ष्य में कौन शामिल है?

मापकीय (Measurable) लक्ष्य सदा ऐसा बनाना चाहिए, जिससे

होने वाली उन्नति को नापा जा सके तथा तुलनात्मक अध्ययन भी किया जा सके। लक्ष्य की उन्नति को मापने से लक्ष्य को प्राप्त करना आसान हो जाता है। इससे पता चलता है कि आप अपने लक्ष्य से कितनी दूर या करीब हैं।

संभव एवं चुनौतीपूर्ण (Achievable & Challenging) आपका लक्ष्य चुनौतीपूर्ण अवश्य होना चाहिए, परंतु असंभव की कामना नहीं करनी चाहिए; क्योंकि इससे निराशा हाथ लगती है। कोई भी कार्य असंभव नहीं होता, यह सदा याद रखना चाहिए। लक्ष्य को सदा मुश्किल परंतु प्राप्त किया जा सकने वाला मानकर चलना चाहिए, तभी उसे हासिल किया जा सकता है। आसान लक्ष्यों में उन्नति की संभावना नहीं होती।

वास्तविक एवं प्राप्त करने योग्य (Realistic) ऐसे लक्ष्य जो आपके, आपके संस्थान, समाज एवं आपके परिवार से किसी-न-किसी रूप से जुड़े होने चाहिए तथा लक्ष्य-प्राप्ति के बाद इन सब में से कम-से-कम किसी एक की उन्नति अवश्य होनी चाहिए। वास्तविक लक्ष्य बनाने के लिए आपका उस लक्ष्य में विश्वास होना आवश्यक है। लक्ष्य को वास्तविक रूप देने के लिए उस लक्ष्य की पिछले अनुभवों से तुलना करना आवश्यक है, तभी उनसे लाभ उठाया जा सकता है।

महसूस किया जाने वाला (Tangible) लक्ष्य-प्राप्ति होने पर उसका प्रमाण अवश्य दिखना अथवा महसूस किया जाना चाहिए। कोई भी लक्ष्य स्पष्ट तब तक नहीं होता है, जब तक आप उसे अुनभव न कर सकें या उसके परिणामों को देख न सकें।

लक्ष्य के प्रकार

लक्ष्य तीन प्रकार के होते हैं—

1. परिणाम लक्ष्य (Outcome Goal)
2. प्रक्रिया लक्ष्य (Process Goal)
3. प्रदर्शन लक्ष्य (Performance Goals)

उदाहरण के लिए

1. किसी भी गेंदबाज के लिए बल्लेबाज को आउट करना उसका परिणाम लक्ष्य है।
2. परिणाम लक्ष्य की प्राप्ति के लिए उसे निम्न प्रक्रिया लक्ष्य पर केंद्रित होना होगा :
   - एक निश्चित समय/अवधि में बल्लेबाज की कमजोरी एवं ताकत का पता लगाना
   - सदा शारीरिक रूप से चुस्त रहना
3. गेंदबाज का प्रदर्शन लक्ष्य होगा :
   - एक निर्धारित समयसीमा में बल्लेबाज की कमजोरी एवं ताकत की जानकारी का अध्ययन
   - प्राप्त जानकारी के आधार पर उन गेंदों का अभ्यास करना, जिस पर बल्लेबाज अधिकतर आउट होता है, जैसे एक ओवर में पाँच गुड लेंथ डालने का लक्ष्य, यदि बल्लेबाज गुड लेंथ पर ही अधिकतर आउट हुआ है।
   - अपने खान-पान एवं कसरत का नियमित पालन, ताकि शारीरिक रूप से फिट रहे। इस प्रकार आपने देखा कि प्रक्रिया, लक्ष्यों का निर्धारण, प्रदर्शन लक्ष्य की प्राप्ति द्वारा ही परिणाम लक्ष्य हासिल किया जा सकता है।

किंतु यहाँ यह बता देना जरूरी है कि यदि आप प्रक्रिया एवं प्रदर्शन लक्ष्य हासिल कर भी लें तो कभी-कभी परिणाम लक्ष्य से चूक सकते हैं, क्योंकि हो सकता है, जब तक बल्लेबाज गेंदबाज की कमजोरी पर आक्रमण करे, तब तक बल्लेबाज ने अपनी तकनीक में सुधार कर अपनी कमजोरी को ताकत बना लिया हो। अतः कहने का तात्पर्य है कि परिणाम लक्ष्य आपके हाथ में नहीं होता, परंतु प्रक्रिया एवं प्रदर्शन लक्ष्यों की प्राप्ति सदा हमारे ऊपर निर्भर करती है, जैसे गीता में भगवान् श्रीकृष्ण ने अर्जुन को समझाते हुए कहा था, "हे अर्जुन! तुम भले ही कितने बड़े धनुर्धर हों, परंतु तुम्हारा अधिकार

तुम्हारे धनुष, बाण एवं एकाग्रता शक्ति पर है, उस मृग पर तुम्हारा कोई अधिकार नहीं, जिस पर तुम निशाना लगा रहे हो। जरूरी नहीं कि तुम्हारा बाण मृग को लगे ही; क्योंकि वह उसी वक्त हिल भी सकता है।'' अतः ज्ञानी पुरुष अपने अधिकार क्षेत्र की सीमा पहचानते हैं तथा एक बार में परिणाम लक्ष्य हासिल न होने पर विलाप नहीं करते और न ही थककर बैठ जाते हैं; बल्कि बदली हुई परिस्थिति के अनुसार पुनः लक्ष्य निर्धारित करते हैं।

अकसर लोग मुझसे पूछते हैं कि क्या सफल और असफल व्यक्तियों के बीच अंतर इच्छाशक्ति का होता है? मुझे लगता है, ''अंतर इच्छाशक्ति का नहीं, बल्कि शक्तिशाली इच्छा का न होना होता है।'' अधिकतर लोग इच्छा तो रखते हैं, परंतु वह इच्छा इतनी शक्तिशाली नहीं होती कि वह इसकी प्राप्ति के लिए कुछ भी त्याग करने को तैयार हो। इतिहास गवाह है कि सफलता उन्हें ही मिली है, जो सफलता से कुछ भी कम लेने के लिए राजी नहीं होते।

लक्ष्य-प्राप्ति के सात नियम

1. वही कहें, जो आप चाहते हैं, न कि वह जो आप नहीं चाहते हैं
2. लक्ष्य को वास्तविक और चुनौतीपूर्ण बनाएँ
3. आपके प्रभाव एवं अधिकार क्षेत्र में होने चाहिए
4. अपनी उन्नति का मूल्यांकन करें
5. अपने संसाधनों की जाँच करें
6. कीमतों का आकलन
7. अपने आप को पुरस्कृत करना

□

बच्चे वह नहीं करते,
जो हम उन्हें करने को
कहते हैं, बल्कि वह करते हैं,
जो हमें करते हुए देखते हैं।

क्या आप अपने बच्चों/परिवार की नजर में हीरो हैं?

बच्चों को धूर्तता मत सिखाइए, क्योंकि यह तय है कि उसके सबसे पहले शिकार आप ही होंगे।

क्या आप हीरो हैं?

जयपुर में एक सेमिनार के दौरान, जिसमें बहुत से लोग आमंत्रित थे, मैंने सामने की कतार में बैठे एक बच्चे को अपने पास बुलाया और पूछा—

"आपका नाम क्या है?"

बच्चे ने जवाब दिया, "आदेश श्रीवास्तव।"

मैंने फिर पूछा, "आपकी उम्र क्या है?"

बच्चे ने कहा, "14 साल।"

मैंने पूछा, "आदेश, क्या आप बताएँगे कि दुनिया में आपको सबसे अच्छा कौन लगता है?"

बच्चे ने तुरंत जबाव दिया, "ऋतिक रोशन।"

मैंने फिर पूछा, "और नंबर दो पर?"

बच्चा तपाक से बोला, "सचिन तेंदुलकर।"

मैंने फिर पूछा, "नंबर तीन पर?"

"जेम्स बॉण्ड।" (अंग्रेजी सिनेमा का हीरो)

फिर मैंने बच्चे से पूछा, "बेटा वह यहाँ किसके साथ आया है?" बच्चे

के पिताजी उसके साथ ही बैठे थे, वह बड़े गर्व से उठे, उन्हें लगा कि शायद उन्हें सम्मानित किया जाएगा। मैंने उनसे पूछा, ''सर, अपने बच्चे के जवाब को सुनकर क्या आपको अजीब नहीं लगा?'' उन्होंने हैरानी भरे लहजे में पूछा, ''नहीं तो, अजीब तो कुछ नहीं था।'' मैंने फिर कहा, ''क्या आप सबकुछ सुनने के बाद भी सब ठीक-ठाक महसूस कर रहे हैं?'' ''हाँ, आपको इसमें क्या गलत लग रहा है?'' मैंने उनसे कहा, ''सर, मैंने आपके बेटे से पूछा था कि उसे दुनिया में सबसे अच्छा कौन लगता है? मैंने यह नहीं पूछा था कि वह किस के जैसा बनना चाहता है? मुझे बड़ी हैरानी हुई, जब उसने पहले नंबर पर आपका नाम नहीं लिया। मेरे दूसरी बार पूछने पर भी उसने आपका नाम नहीं लिया और न ही तीसरे नंबर पर उसने आपका नाम लिया। मुझे लगता है कि अगर मैं दस नंबर तक भी पूछता तो शायद वह आपका नाम नहीं लेता। वैसे मैं इससे अधिक पूछना नहीं चाहता था।'' मेरी बात समझ आने के बाद श्रीमानजी ने घूरकर अपने बेटे की तरफ देखा। ऐसा लगा, जैसे शायद मन-ही-मन कह रहे हों कि 'तुम्हें यहाँ लाया मैं, टिकट के पैसे मैंने खर्चे और नाम दूसरों के ले रहे हो ठहर, मैं बताता हूँ तुम्हें।'

क्या आपको नहीं लगता कि हम अपने बच्चों की नजर में ज्यादा दिनों तक हीरो नहीं रह पाते? इसका कारण क्या है? क्या आजकल के बच्चे बिगड़ गए हैं। मुझे लगता है अधिकतर हमारा व्यवहार या हमारी आदतें ही इसका मुख्य कारण हैं। मैं स्वयं आजकल इस अनुभव से गुजर रहा हूँ। मेरा बेटा अखिल जो कि तेरह वर्ष का है, आज भी यदि उससे पूछा जाता है कि दुनिया में सबसे ताकतवर कौन है तो उसका जवाब होता है ''मेरा पापा और कौन?'' यदि आप कहें, सलमान खान से भी ज्यादा? तो उसका जबाव होगा, ''हाँ, सलमान खान भी ठीक है, पर मेरे पापा ज्यादा स्मार्ट हैं।''

मुझे लगता है, मेरे बेटे की उम्र के लगभग सब बच्चे अपने पापा के बारे में शायद यही सोचते हैं, परंतु जैसे-जैसे ये बच्चे बड़े होते हैं और उनकी समझ का दायरा बढ़ता जाता है तो इनका विश्वास, इनकी आस्था टूट सी जाती है; क्योंकि अब वे हमारी कथनी और करनी का फर्क समझने लगते हैं। उन्हें पता

लग जाता है कि इनके माता-पिता वैसे नहीं है जैसा वे सोचते थे और अधिकतर इस निराशा की पीड़ा एक अनचाहे आक्रोश को जन्म दे देती है, जिसका नतीजा पिता-पुत्र के बीच की बढ़ती दूरियों में साफ देखा जा सकता है।

मुझे अपने बचपन का एक किस्सा याद आ रहा है, जिसे मैं यहाँ आप को सुनाना चाहता हूँ। हमारे पड़ोस में एक चाची रहती थीं, जिनके दो बच्चे थे। रोज शाम को साढ़े पाँच या छह बजते ही वे अपने बच्चों को ऊपर जाने के लिए कहती थीं। एक दिन एक पड़ोसन ने उनसे पूछा, ''बहनजी! बुरा मत मानें, पर मैं काफी दिनों से आप से एक बात पूछना चाहती हूँ और वह यह है कि आप रोज शाम को अपने बच्चों को ऊपर जाने के लिए क्यों कहती हैं?'' चाची ने जवाब दिया, ''दरअसल, बात यह है कि यह उनके (पति) आने का समय होता है।'' पड़ोसन ने हैरानी भरे लहजे में पूछा, ''तो इसमें बच्चों से छुपाने वाली बात क्या है?''

चाचीजी ने उदासी भरे स्वर में जवाब दिया, ''दरअसल, वह काफी थके हुए आते हैं और उनका काम ऑफिस में काफी तनाव भरा होता है। उससे वह काफी चिड़चिड़े से रहते हैं। लेकिन आप को तो पता है, बच्चे यह सब नहीं समझते, वे खेलते रहते हैं और उनके पास उछल-कूद मचाते रहते हैं। इस सबसे चिढ़कर वह कभी-कभी बच्चों की पिटाई तक कर देते हैं। रोज-रोज के इस झंझट से बचने के लिए ही मैंने यह तरीका अपनाया है। उनके आने से पहले ही मैं बच्चों को इधर-उधर भेज देती हूँ।''

इस बात से यह साफ जाहिर होता है कि उस घर में पति की छवि स्नेहमयी नहीं, बल्कि भयावह है। ऐसे पिता का घर आने से क्या फायदा कि उसके घरवालों को छुपना पड़े या डर-डरकर रहना पड़े, मुझे लगता है कि शायद यही कारण है कि कुछ बच्चे माता या पिता के बुरे व्यवहार, जो बुरी आदतों से ही बना है, तंग आ जाते हैं और जल्दी से बड़े होकर इस घुटन भरी जिंदगी से आजाद होना चाहते हैं।

सामान्यत: हम सब लोग ईमानदार होते हैं तथा अपने घरवालों और काम से बहुत प्यार करते हैं, शायद इस बात को अपने घर तथा कंपनी तक शायद

ठीक ढंग से पहुँचा नहीं पाते, जिसके लिए हमारी ही कुछ आदतें जिम्मेदार हैं। इस बात को इस उदाहरण से और अधिक स्पष्ट किया जा सकता है—एक रसोईया बहुत ही स्वादिष्ट खीर बनाता है। परंतु आखिर वह बादाम और किशमिश डालने के बदले उसमें राख डाल देता है, जिससे उसकी की गई सारी मेहनत बेकार हो जाती है।

यह राख कुछ और नहीं, हमारे व्यवहार और अपशब्द हैं, जिनसे हमारी मेहनत मिट्टी में मिल जाती है और हमें उसका यथोचित फल नहीं मिल पाता। दरअसल, कुछ लोग घर को कभी-कभी सराय समझने की भूल करते हैं। यहाँ वह सिर्फ आराम करने के लिए जाते हैं, यानी रात को सोये और सुबह उठकर काम पर चल दिए, परंतु घर सराय नहीं है। वहाँ हमारे निजी ग्राहक (परिवार वाले) हमारा बेसब्री से इंतजार कर रहे होते हैं तथा वे हमसे अच्छे व्यवहार, मधुर मुसकान, उत्साह और खुशी से भरे स्वयं ही बहुत सी उम्मीदें बाँधे होते हैं।

परंतु हम इस सब से अनजान, अधमरे से थकी हुई अवस्था में घर पहुँच जाते हैं और उन सबकी उम्मीदों पर पानी फेर देते हैं। जब भी ऑफिस या काम के बाद घर वापस जाएँ तो एक विजेता की भाँति घर में कदम रखें। इसी प्रकार जब भी सुबह घर से निकलें, ऐसे शब्द कहकर निकले, जिससे परिवार का सारा दिन खुशी से बीते, न कि कुछ ऐसा कि वे सारा दिन उन शब्दों को याद कर घर में उदास रहें। प्रत्येक व्यक्ति के जीवन का उद्‌देश्य है, अपने परिवार को खुश रखना, और इस उद्‌देश्य को कभी मत भूलिए।

हममें से भी अधिकतर लोग अपनी गलत आदतों के धीरे-धीरे इतने आदी हो जाते हैं कि हमें पता ही नहीं चलता कि कब हम इनके शिकार हो जाते हैं और जब हमें पता चलता है, तब तक बहुत देर हो चुकी होती है।

मेहनत

मेहनत सफलता की कुंजी है, यह बात हर स्कूल की किताबों में पढ़ाई जाती है। परंतु ऐसे लोगों की कमी नहीं, जो आपको यह कहते मिल जाएँगे कि मेहनत तो हमने बहुत की पर मिला कुछ नहीं। क्या जो हमने स्कूलों में पढ़ा तथा आज

भी पढ़ाया जा रहा है, वह गलत है? मुझे लगता है, मेहनत से हमारा अर्थ शायद गलत है। मेहनत का अर्थ है, ऐसा सकारात्मक और सृजनात्मक कार्य, जो आसान नहीं है, कठिन है, उसको करना चाहे आरामदायक न भी हो।

सन 2003 में एनडी टीवी पर एक समाचार आया था कि एक सामाजिक संस्था ने एक ऐसे दंपती को अपनी संस्था द्वारा सम्मानित किया था, जो सामान्यत: कूड़ा-कचरा उठाने वाले लोग थे, उनके तीन बेटे थे। जैसा कि हम सब जानते हैं, अकसर ऐसे परिवारवालों की मनोवृत्ति यह होती है कि वह अपने बच्चों को भी साथ ले जाते हैं, ताकि ज्यादा आमदनी हो सके। परंतु इस दंपती ने फैसला किया कि हम अपने बच्चों को इस काम में नहीं लाएँगे, बल्कि पढ़ाएँगे। उनके पड़ोसी उनके इस फैसले पर हँसते थे तथा उन्हें उकसाते थे कि कम-से-कम 1-2 घंटे तो ले जा ही सकते हो साथ में। परंतु उन्होंने ऐसा नहीं किया, जिसके कारण उन्हें बाकी लोगों से अधिक मेहनत करनी पड़ी। पर जिसका नतीजा है कि उनका बड़ा बेटा 12वीं पास, छोटा 10वीं तथा तीसरा बेटा 8वीं पास कर चुका है।

हम लोग खाना खाते समय पहले मुँह का इस्तेमाल करते हैं तथा बाद में खाना पेट में जाता है। हम सब जानते हैं कि मुँह में कम तथा पेट में ज्यादा मेहनत होती है और यही कारण है कुछ लोग गलत चीजें अधिक मात्रा में खा लेते हैं; क्योंकि उनका स्वाद तो अच्छा होता है, परंतु सेहत के लिए हानिकारक होती हैं।

किंतु जीवन में इसका उलटा होता है, मेहनत पहले करनी होती है। स्वाद बाद में आता है। मेरी नजर में लंबी सोच को ध्यान में रखकर कार्य करना तथा करते रहना मेहनत का काम है।

और आप सब इस बात से जरूर सहमत होंगे कि उस दंपती की मेहनत रंग ला रही है तथा और भी अधिक रंग लाएगी; क्योंकि इनके बच्चों ने अपने माँ-बाप को मेहनत करते देखा है और मेहनत करना सीख चुके हैं। वे सब जो इन पर हँसते थे, आज आहें भरते हैं कि काश! हम भी ऐसा करते तो आज शायद एक बेहतर जीवन अपने परिवार के साथ जी सकते थे।

अब आप स्वयं फैसला कीजिए कि मेहनत करने से सफलता मिलती है या नहीं। "फैसला करने से पहले सोचिए जरूर, लाख बार सोचिए, पर फैसला करने के बाद नहीं।"

यदि आप साहसी हैं तो दिल की बात सुनें,
यदि आप कायर हैं तो दिमाग की बात सुनें

एक पिता का पुत्र के नाम पत्र

डब्ल्यू लिविंगस्टन लारनेड ने अपने बेटे को एक ऐसा 'अमर' पत्र लिखा कि उसकी दसियों प्रतियाँ छप चुकी हैं, यहाँ वह आपके लिए प्रस्तुत है :

सुनो बेटे! मैं तुमसे यह कह रहा हूँ। जब तुम गहरी नींद में सोए हो, तुम्हारा छोटा सा हाथ तुम्हारे गाल के नीचे है और बालों की सुनहरी लटें तुम्हारे भीगे माथे पर चिपकी हैं। मैं अकेला चुपके से तुम्हारे कमरे में चला आया हूँ कुछ ही मिनट पहले, जब मैं लाइब्रेरी में बैठा अखबार पढ़ रहा था, पछतावे की एक लहर मेरे भीतर दौड़ गई। अपराध-बोध से भरा हुआ मैं तुम्हारे बिस्तर के पास आया।

बेटे, मैं इन चीजों के बारे में सोच रहा था : मैं तुमसे नाराज था, स्कूल के लिए तैयार होते वक्त मैंने तुम्हें डाँटा, क्योंकि तुमने अपने चेहरे को सिर्फ तौलिया भिगोकर पोंछ लिया था। मैंने अपने जूते साफ न करने के लिए तुम्हें झिड़की दी। जब तुमने चीजें फर्श पर फेंक दीं, तो मैं तुम पर गुस्से से चिल्लाया।

नाश्ते के समय भी मैंने तुम्हारी गलतियाँ निकालीं। तुमने चीजें गिराई, तुम अपना खाना बिना ठीक से चबाए निगल गए। तुमने मेज पर कोहनियाँ रखीं। तुमने ब्रेड पर बहुत ज्यादा मक्खन लगाया और जब तुम खेलने लगे और मैं ट्रेन पकड़ने के लिए बढ़ गया, तो तुम मुझे और मेरी ओर हाथ हिलाकर कहा, 'गुडबाई डैड!' और मैंने मुँह बनाकर जवाब दिया, "अपने कंधे आगे मत निकालो!"

□

वह छोटा बच्चा, जो मेरे पीछे चल रहा है

मैं चलना चाहता हूँ बहुत सावधानी से,
क्योंकि एक छोटा बच्चा मेरे पीछे चल रहा है;
मैं भटकने का जोखिम नहीं ले सकता,
क्योंकि मुझे डर है कि वह भी भटक जाएगा।
मैं उसकी नजरों से एक बार भी बच नहीं सकता,
वह मुझे जो करते देखता है, वह भी वही करता है।
वह कहता है कि वह भी मेरे जैसा बनेगा,
वह छोटा बच्चा, जो मेरे पीछे चल रहा है।
चलते समय मुझे याद रखना चाहिए,
गरमियों के सूरज और सर्दियों की बर्फ के बीच।
मैं वर्षों के लिए बना रहा हूँ—
उस छोटे बच्चे को, जो मेरे पीछे चल रहा है।

स्रोत : द विनिंग एटीट्यूट
लेखक—जॉन सी.

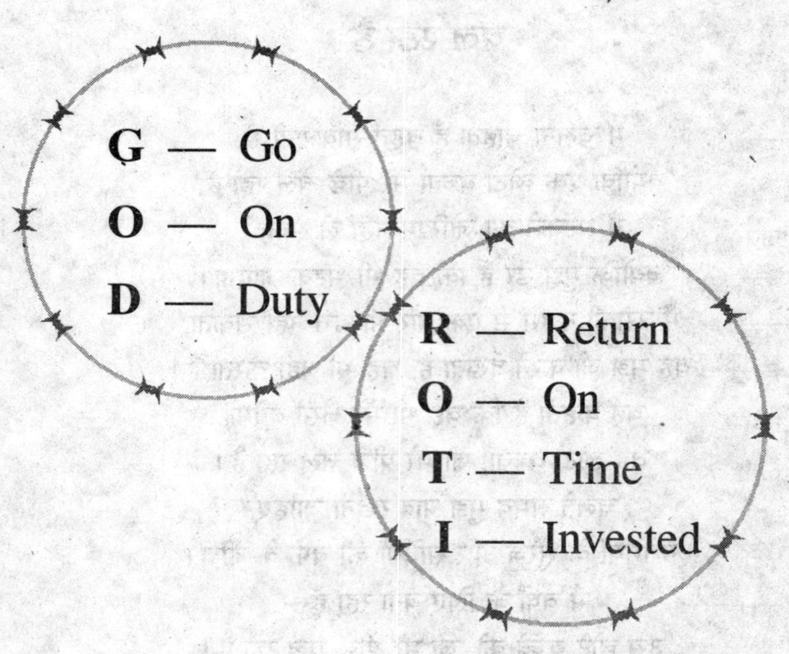
G — Go
O — On
D — Duty
R — Return
O — On
T — Time
I — Invested

अपने काम से प्यार करें

स्वयं का आकलन

एक बार छोटा बच्चा, जिसकी उम्र दस या बारह साल की होगी, एक जनरल स्टोर पर गया। वहाँ उसने दुकानदार से फोन करने की अनुमति माँगी, दुकानदार ने उस बच्चे को सिक्के वाले फोन की तरफ इशारा किया; क्योंकि बच्चे का कद छोटा था, इसलिए उसने पास ही पड़े एक स्टूल का सहारा लिया तथा उस पर चढ़कर फोन तक पहुँचा और एक नंबर मिलाया। नंबर लगने पर उसने कहा, "मैडम, मैंने आपका बगीचा देखा है, और मुझे पता लगा है कि आपको किसी माली की जरूरत है। मैडम मुझे नौकरी की सख्त जरूरत है, क्या आप मुझे काम पर रख सकती हैं?" वहाँ से उत्तर आया, "मेरे यहाँ एक लड़का पहले से ही काम करता है। इसलिए मुझे किसी और की जरूरत नहीं है।"

लड़का फिर बोला, "मैडम, मैं बहुत मेहनती हूँ, दिल लगाकर काम करूँगा और कोई छुट्टी नहीं लूँगा।" वहाँ से जवाब आया, "जो लड़का मेरे पास काम करता है, उसमें भी ये सारे गुण हैं, इसलिए मुझे तुम्हारी जरूरत नहीं है।" लड़का फिर बोला, "मैडम, आप जो भी तनख्वाह उस लड़के को देती हैं, मैं उससे आधी तनख्वाह पर भी काम करने को तैयार हूँ।" वहाँ से जवाब आया, "यदि तुम मुफ्त में भी काम करने को तैयार हो तब भी मैं अपना माली नहीं बदलूँगी; क्योंकि मैं उसके काम से पूरी तरह संतुष्ट हूँ।" बच्चे ने चुपचाप फोन वापस रखा। दुकानदार उसकी बात ध्यान से सुन रहा

था। उसे उस पर दया आ गई तथा बोला, "बेटा, मैंने तुम्हारी बातें सुनीं। यदि तुम चाहो तो मैं तुम्हें अपने बगीचे में काम दे सकता हूँ।"

बच्चा बोला, "सर, धन्यवाद, परंतु मेरे पास नौकरी है।" दुकानदार ने हैरानी भरे स्वर में पूछा, "तो क्या तुम दूसरी नौकरी ढूँढ़ रहे हो?" बच्चा बोला, "नहीं सर, मैं अपनी मालकिन को ही नाम बदलकर फोन कर रहा था, सिर्फ यह जानने के लिए कि वह मेरे काम से खुश हैं या नहीं? और मुझे इस बात की संतुष्टि है कि वह मेरे काम से खुश है तथा मुफ्त में भी किसी और से काम करवाने को तैयार नहीं।" यह कहकर बच्चा वहाँ से चला गया। बच्चे का अपने काम के प्रति प्रेम देखकर दुकानदार की आँखों में नमी आ गई। वह मन-ही-मन सोचने लगा, 'काश, हमारे देश का प्रत्येक आदमी अपने काम के प्रति इतना ईमानदार हो जाए तो हमारा देश कितनी तरक्की कर सकता है।'

अब तक के सेमिनारों के अनुभव से मैंने पाया कि अकसर लोगों को अपनी कंपनी से एक सामान्य शिकायत होती है कि उनका वेतन कम है, यानी कंपनी हमें कम वेतन देती है, जिसकी भड़ास उनके काम करने के तरीके, अपने सहयोगियों से बरताव से साफ झलकती है। अकसर ऐसे लोग दुःखी रहते हैं, शिकायत करते रहते हैं, लोगों को बरगलाते रहते हैं और काम पर सिर्फ अपनी उपस्थिति दर्ज करवाने आते हैं। काम भी दिल लगाकर नहीं करते और उतना ही काम करते हैं, जितना नौकरी बचाने के लिए जरूरी है। ऐसे किस्म के लोग हड़तालों आदि में ज्यादा रुचि लेते हैं।

व्यक्ति को चाहिए कि वह लायक (Deserving) बने, न कि माँगने वाला (Demanding)। यदि व्यक्ति लायक है तो उसे माँगने की जरूरत नहीं और यदि लायक नहीं है तो माँगने से भी नहीं मिलेगा, और यदि चलो कुछ समय के लिए मिल भी जाए तो फिर सारी जिंदगी माँग कर जीने की आदत पड़ जाएगी।

मैं लोगों को स्वमूल्यांकन करने की सलाह देता हूँ और उनसे पूछता हूँ कि यदि आज आप अपनी वर्तमान कंपनी की नौकरी छोड़ें तो जितने पैसे की नौकरी आपको बाहर किसी और कंपनी में मिलेगी, वह है आपकी बाजारी

कीमत (Market Value)। यदि हमारी कीमत ज्यादा है तो आप कम कीमत पर काम कर रहे हैं तो आपकी स्थिति न्याय-संगत है और यदि ऐसा नहीं है तो कंपनी का एहसान मानें और स्वयं को निरंतर लायक बनाने का प्रयास करें।

लायक बनें, माँगने वाले नहीं

(Become Deserving Not Demanding)

सेमिनार में अकसर एक सवाल बहुत बार पूछा जाता है, ''यदि कोई व्यक्ति काम से जी चुराता है तथा काम के समय इधर-उधर की बातें करके अपना, अपने साथियों का समय तथा कंपनी का समय बरबाद करता है, परंतु अपनी चालाकी की वजह से पकड़ा नहीं जाता। उसकी तनख्वाह एवं बाकी सब सुविधाएँ भी उसे वैसे ही मिलती रहती हैं, जैसे अन्य मेहनती लोगों को तो ऐसी स्थिति में हम पर क्या असर पड़ेगा, क्या हमारा मनोबल गिरना स्वाभाविक नहीं है?''

मेरा मानना है कि ऐसा व्यक्ति जो काम नहीं करता पर पैसे लेता है, वह कर्मचारी नहीं 'चोर या भिखारी' है। वह उस पैसे का हकदार नहीं है, पर उसे कंपनी दे रही है। चाहे किसी भी कारण से कंपनी ऐसे व्यक्ति को बरदाश्त कर रही है, परंतु आने वाले समय में वह व्यक्ति जीवन में ठोकरें ही खाएगा; क्योंकि न तो उसे मेहनत करने की आदत है और न ही वह यह आदत अपने बच्चों को डाल पाएगा। इसका नतीजा होगा, निकम्मी संतान और अंधकारमय भविष्य!

कोई और देखे-न-देखे, पर आप स्वयं और भगवान् सदा ही आपकी गतिविधियों को देखता है। मुझे नहीं लगता कि कोई भी स्वाभिमानी मनुष्य अपने बच्चों को भीख या चोरी की कमाई पर पालना चाहेगा। अत: यह बहुत जरूरी है कि जब हम काम पर हों तो अपना वेतन कमाएँ, ताकि उसे घर ले जाने पर हमें गर्व महसूस हो! और हम कह सकें कि कंपनी नहीं बल्कि 'मैं' बच्चों को पाल रहा हूँ! अपने उत्साह को अपना स्वभाव बनाएँ। यदि हमें अपने काम में आनंद आएगा, तो कम-से-कम हमारी तीन-चौथाई ज़िंदगी तो आनंदमय हो जाएगी। लेकिन आपको कितने लोग ऐसे मिलते हैं, जो अपने

काम से संतुष्ट हो?

काम में असंतुष्टि का एक कारण वेतन नहीं, बल्कि उत्साह की कमी है। (Nothing is interesting if you are not interested) यदि हम अपने नीरस लगने वाले काम को भी दिलचस्प बना लें तो हमें काम करने में भी मजा आएगा। स्वामी विवेकानंदजी के शब्दो में, "यदि मनपसंद काम मिल जाए तब तो मूर्ख भी उसे पूरा कर सकता है, किंतु बुद्धिमान वही है, जो प्रत्येक कार्य को रुचिकर बना ले।" यदि हर पल हमें ऐसा लगे कि मैच की आखिरी गेंद बची है और जीत के लिए केवल दो रन बनाने शेष हैं, तो यह जोश हमें साधारण से असाधारण बना देगा। जिस तरह सिर्फ एक डिग्री के फर्क से पानी भाप बन जाता है और भाप बड़े-से-बड़े इंजन को चला सकती है, उसी तरह उत्साह हमारी जिंदगी के लिए काम करता है। संत तिरूवल्लुवर के शब्दों में, "उत्साह मनुष्य की भाग्यशीलता का मापदंड है।"

काम में असंतुष्टि या मन न लगने का दूसरा कारण है धैर्य में कमी। इसी का परिणाम है कि किसी-किसी का मन एक काम से दूसरे काम में भटकता ही रहता है। 'कस्तूरी कुंडल बसै मृग ढूढ़े बन माहिं।'

उत्साह चुंबक की तरह होता है

यह बात कोई मायने नहीं रखती कि आपमें कितनी प्रतिभा और जानकारी है। अगर आप में समर्पण नहीं है तो आपकी प्रतिभा का भी कोई फायदा नहीं होगा। इसी प्रकार अगर आप ज्यादा प्रतिभाशाली नहीं हैं, परंतु उत्साही हैं तो आपके लिए सबकुछ संभव है। यदि आप दूसरे लोगों के सहयोग की अपेक्षा नहीं रखेंगे तो भी वे आपके प्रयासों को देखकर आपको अपना मूक सहयोग देने लगेंगे। जितना अधिक आप अपने कार्यों में उत्साही बने रहेंगे, आपके आसपास के लोगों पर उतना ही सकारात्मक प्रभाव पड़ेगा और उनकी मदद से आपके लक्ष्य जल्दी पूरे हो जाएँगे। जिस प्रकार चुंबक अपने नजदीक के लोहे को आकर्षित और आवेशित करता है, वैसे ही उत्साह भी दूसरों को आकर्षित करता है और आपके माहौल को भी उत्साहजनक बना देता है।

> *पूरे इतिहास में लोगों के दो ही वर्ग हुए हैं;*
> *एक तो जो दौलत कमाते हैं,*
> *दूसरे वे जो इसे खर्च करते हैं*

अनुशासन फायदेमंद है

कार्य से कार्य की आदत बन जाती है, आदत से चरित्र बनता है और चरित्र से भाग्य बनता है। सुस्ती में पड़े रहने और मौके के टपकने का इंतजार करने की बजाय रोज मेहनत करने की आदत बनाएँ। पसीने से भाग्य का पेड़ सींचें और उसे बढ़ता हुआ तथा फल देता हुआ देखें। भाग्य उन्हीं पर मेहरबान होता है, जो प्रयास करते हैं, और हार नहीं मानते। उनके लिए असंभव कार्य भी संभव बन जाता है। जो आप चाहते हैं, उसे जानें, जो आप जानते हैं, उसे मानें, मन लगाकर कार्य करें, आपके लिए धरती के खजाने खुल जाएँगे।

एक कंपनी के प्लांट में मैंने 18 दिन लगातार सेमिनार किया, वह कंपनी अपने पूरे प्लांट के कर्मचारियों को एक महीने में ही कवर करना चाहती थी। ऐसी स्थिति में एक दिन का सेमिनार मुझे लगातार 18 दिन अलग-अलग बैच के लिए करना था।

पाँचवें दिन उनके VP-HR ने मुझसे लंच के दौरान पूछा, "सुरेशजी, मैं आपको पिछले चार दिन से देख रहा हूँ कि आप एक ही तरह की स्लाइड, किस्से आदि इस्तेमाल कर रहे हैं और मैं जानता हूँ कि आप हर महीने कम-से-कम 20 ऐसे सेमिनार तो जरूर करते होंगे, तो क्या आप बोरियत महसूस नहीं करते रोज-रोज वही बातें करके?" मैंने उनसे कहा, "सर, जब से पैदा हुआ हूँ, साँस ले रहा हूँ, आजतक बोरियत महसूस नहीं हुई, पूरे हिंदुस्तान में जहाँ जाता हूँ, लोग इज्जत करते हैं, मुझे बोरियत नहीं होती है, मेरे बैंक का बैलेंस बढ़ता रहता है और मुझे बोरियत नहीं होती तो फिर जिस काम की वजह से इतना सबकुछ मिलता है, उससे बोरियत कैसी?"

क्या अमिताभ बच्चन अभिनय करते-करते बोर हो गए हैं?

क्या अंबानी बंधु पैसे कमा-कमाकर बोर हो गए हैं?

क्या सचिन ने रनों के लिए दौड़ना बंद कर दिया है?

क्या लता मंगेशकर गाने गाकर बोर हो गई हैं?

सफल लोगों की सफलता का एक राज यह भी है कि वे अपने उसी काम को रोज और अधिक उत्साह से करते हैं, लेकिन फिर भी उससे बोर नहीं होते।

गुणवत्ता बनाए रखना केवल एक प्रक्रिया नहीं बल्कि आदत है।

जापान की एक मशहूर कंपनी 'मात्सुशिता इलेट्रिकल्स' (नेशनल और अब पैनासोनिक ब्रांड) से आप अवश्य परिचित होंगे। एक समय जापान की अर्थव्यवस्था को सँभालने में इस कंपनी का महत्त्वपूर्ण योगदान रहा और यह जापान की चुनिंदा व बेहतरीन कंपनियों में से एक थी। इस कंपनी को बनाने वाले व्यक्ति का नाम था—कोनोसुके मात्सुशिता। एक समय में इस कंपनी में 2,50,000 से भी ज्यादा लोग काम करते थे।

कोनोसुके मात्सुशिता की शैक्षणिक योग्यता छठी कक्षा तक की थी तथा उनकी सेहत भी हमेशा खराब रहती थी। वह एक कमजोर शरीर के व्यक्ति थे, किंतु उनकी इच्छाशक्ति उतनी ही मजबूत थी।

एक बार एक पत्रकार ने मात्सुशिता से उनकी सफलता का राज बताने के लिए कहा। मात्सुशिता का जवाब था, "मैं रोज सुबह उठकर आईने में स्वयं को देखता हूँ और एक वाक्य दोहराता हूँ, 'मेरा सर्वश्रेष्ठ प्रदर्शन भी सर्वोत्तम नहीं है,' यानी मुझे स्वयं में और अपनी कंपनी में और भी सुधार करना है।

अब आप ही सोचिए, एक इतनी बड़ी कंपनी का निर्माता रोज कह रहा है कि मेरा सर्वश्रेष्ठ प्रदर्शन भी सर्वोत्तम नहीं है। उसमें और सुधार की जरूरत है और दूसरी तरफ हममें से कुछ लोग खुद को सर्वोत्तम मानते हैं और खुद में किसी भी प्रकार के सुझाव को बेवकूफी समझते हैं। इस प्रकार की मानसिकता से जीवन की दिशा और दशा दोनों बिगड़ जाती हैं।

इसलिए हमें भी चाहिए कि हम भी 'थोड़ा और परिश्रम करने' की आदत डालें, न कि थोड़ा कम। आम व्यक्ति उतना ही काम में ध्यान देता है, उतना ही काम करता है जितना नौकरी बचाने के लिए या व्यवसाय में बने रहने के लिए जरूरी है। परंतु जो लोग इन सबके साथ-साथ थोड़ा और करने की आदत डाल लेते हैं, वही लोग सफलता के शिखर तक पहुँचते हैं। मरजी हमारी है, 'थोड़ा और' या 'थोड़ा कम'।

जापानी गुणवत्ता

एक बार एक अमेरिकन कंपनी ने एक जापानी कंपनी को एक पुर्जा बनाने का ऑर्डर दिया। ऑर्डर की शर्त यह थी कि 1,00,000 पुर्जों में केवल 10 पुर्जे ही खराब होने चाहिए, इससे ज्यादा नहीं।

जापानी कंपनी ने उस ऑर्डर को पूरा किया और 1,00,000 सही पुर्जे और 10 खराब पुर्जे बनाकर भेज दिए तथा साथ में एक खत भेजा, जिसमें लिखा हुआ था कि "हमें आपका ऑर्डर समझने में थोड़ी परेशानी हुई, इसलिए 10 खराब पुर्जे अलग से बनाकर आपके लिए भेज दिए हैं।"

गुणवत्ता कभी-कभी किया जाने वाले कार्य नहीं, बल्कि दिन-रात ध्यान में रखनेवाली तथा व्यवहार में इस्तेमाल करने की आदत है। गुणवत्ता बनाए रखना भी एक आदत है और गुणवत्ता न बनाए रखना भी एक आदत है, पर वह 'बुरी' आदत कहलाती है। इस बुरी आदत की वजह से अपने आने वाले समय में मुश्किलों का सामना करना पड़ जाता है।

□

ग्राहक कीमत जल्द भुलाए,
यदि वह गुणवत्ता पाए

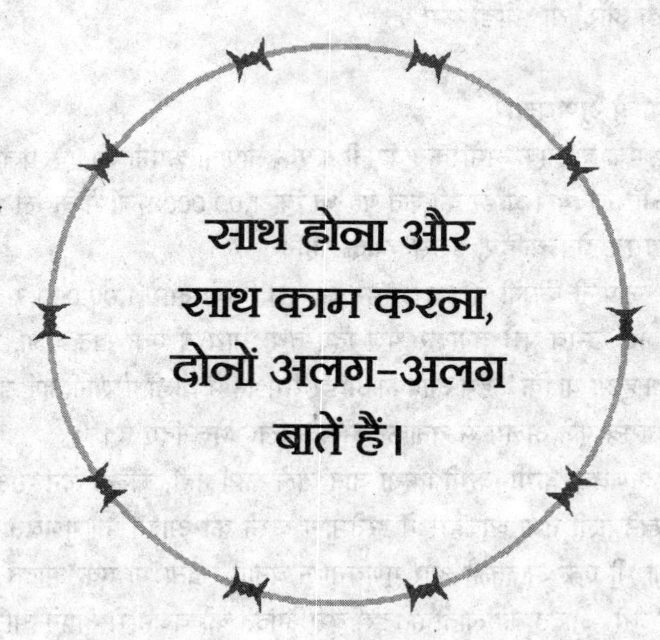
साथ होना और
साथ काम करना,
दोनों अलग-अलग
बातें हैं।

एक विजेता टीम बनाएँ

टीम वह अच्छी होती है, जो जीते। यदि जीत न हो तो ऐसी टीम को अच्छा नहीं माना जा सकता। अतः हमारी इच्छा विजेता टीम बनाने की होनी चाहिए, विजेताओं की टीम बनाने की नहीं। इसका सबसे अच्छा उदाहरण हमारी भारतीय क्रिकेट टीम है, जिसमें व्यक्तिगत तौर पर तो सभी विजेता हैं (यानी सारे कीर्तिमान तो इनके नाम पर हैं), परंतु हम अधिकतर मैच हार जाते हैं। जबकि दूसरी तरफ ऑस्ट्रेलिया की टीम है, जिसमें व्यक्तिगत तौर पर तो सभी विजेता नहीं हैं, लेकिन उनकी टीम अधिकतर मैच जीतती है। हमें चाहिए कि हम अपनी टीम को जीतने की आदत डालें। मिलजुलकर काम करने वाली टीम ही विजेता टीम होती है।

जापानी इस बात को अच्छी तरह जानते हैं। वे सफलता के महत्त्व को अच्छी तरह समझते हैं। विश्व बाजार में सफलता के केंद्र में मिलजुलकर कार्य करना, यानी टीमवर्क ही होता है।

'कदम-कदम बढ़ाए जा, खुशी के गीत गाए जा'—ये सुभाष चंद्र बोस की आजाद हिंद फौज के प्रेरणादायी गीत की आरंभिक पंक्तियाँ हैं। पर यह गीत आज भी किसी कंपनी पर चाहे वह तीन या तीस हजार कर्मचारियों की हो, लागू होता है। व्यवसाय एक जटिल मशीन की भाँति होता है। इसे चलाने के लिए समस्त हिस्से और पुर्जे मिलकर सहजता से कार्य करते हैं।

आज की जरूरत : कामयाब टीम

कामयाब होने की किसी भी सोच की टीम से सभी सदस्यों द्वारा समझाना चाहिए और इसमें सहयोग देना चाहिए। संगीत रचना के लिए वाद्यवृंद के सभी साजिंदों को अपने वाद्ययंत्रों को बजाना होता है। उन्हें संपूर्ण रचना के साथ-साथ अपने वादन का भी ध्यान रखना पड़ता है। प्रत्येक वादक के अलग-अलग सुर से कर्कश शोर पैदा हो जाएगा। नौका दौड़ में भी वही दल सबसे तेज होता है, जिसके सदस्य श्रेष्ठ तालमेल और पूरा दम लगाकर पतवार चलाते हैं। क्या किसी खास खिलाड़ी के टीम में चुन्रे जाने पर आपको हैरानी हुई है? संभवतः वह व्यक्तिगत तौर पर बढ़िया खिलाड़ी हो, लेकिन टीम के भले के लिए वह अपनी प्रतिष्ठा बलिदान करने का इच्छुक न हो।

एक लीडर के रूप में आपको सुनिश्चित करना चाहिए कि श्रेष्ठ कर्मचारियों की बजाय आपके पास श्रेष्ठ सहयोगी हों।

1. समान त्याग की भावना

श्री ली ईआकोका दस लाख डॉलर की बजाय एक डॉलर तनख्वाह लिया करते थे। यदि नेता आने वाले कल के लिए आज का त्याग करता है तो उसके समर्थक भी स्वेच्छा और स्वाभाविक ढंग से उसका अनुकरण करेंगे तथा टीम अधिक प्रभावी ढंग से काम करेगी। ईआकोका ने इसे 'बराबर खून बहाना' कहा है।

क्या आप सुबह नौ से शाम पाँच बजे या सुबह पाँच से नौ बजे तक काम करते हैं? अगर संगठन के लिए आप दिन में सोलह घंटे काम करते हैं तो आप कर्मचारियों से भी ज्यादा घंटों तक काम करवाने की उम्मीद कर सकते हैं।

जब आप बोलते हैं, सहयोगी सुनते हैं और जब आप काम करते हैं, सहयोगी देखते हैं, इसलिए जो भी आप करते या करवाते हैं, उसके बारे में आपको सतर्क रहना पड़ता है। आपकी हर गतिविधि का प्रभाव दूसरों

पर पड़ता है। इसलिए काम के मामले में आदर्श बनने का प्रयास करें। प्रत्यक्ष उदाहरण से बढ़कर कोई भी उपाय प्रभावशाली और मारक नहीं है। इसी प्रकार यदि व्यवसाय में सभी बराबर-बराबर कष्ट झेल रहे हैं तो निश्चित ही कोई भी लक्ष्य आसानी से प्राप्त किया जा सकता है।

चाहे काम हो या खेल का मैदान, हरेक टीम एक ऐसे परिवार की तरह होती है, जिसमें कहा जाता है कि परिवार एक रथ की भाँति होता है। एक व्यवसाय में सभी कर्मचारी इस रथ रूपी परिवार के पुर्जे, पहिए और घोड़ी के समान होते हैं। रथ सुचारू रूप से चले, इसके लिए जरूरी है कि पुर्जे सही काम करें। एक पहिए के खराब होने से रथ उलट जाता है। यदि कोई पहिया धीमा हो जाए तो रथ की दिशा बदल जाएगी और बजाय आगे जाने के वह पीछे की ओर मुड़ सकता है। यदि पहिया एक ही हो तो रथ बिना आगे बढ़े एक ही स्थान पर चक्कर काटता रहेगा। रथ खींचने वाले घोड़ों को भी समान गति से दौड़ना पड़ता है। यही मिल-जुलकर काम करना है। हमें कार्य करवाने के लिए समान त्याग के महत्त्व को भी नहीं भूलना चाहिए।

2. सहकर्मियों से घुलना-मिलना

यह बात उनके प्रति आपके रवैए पर टिकी हुई है। सहकर्मियों और खुद के बारे में आप क्या महसूस करते हैं। यह बात बहुत महत्त्वपूर्ण है। अगर आपकी सोच अपने बारे में सही नहीं है तो सहयोगियों और उनके साथ काम करने के बारे में सही सोचना आपके लिए मुश्किल है। जब कोई अच्छा काम करे, उनकी प्रशंसा करने के लिए जरूर समय निकालें, ऐसे मौके ढूँढ़ने की तलाश में रहें। सहकर्मियों के प्रति भावनाएँ धन्यवाद और मुसकान व्यक्त करना कभी मत भूलिए। अपने पास सुनहरे शब्द और सुनहरा पेन रखें। पीठ पीछे सहकर्मियों की प्रशंसा करें। निश्चिंत रहें, उन तक प्रशंसा अवश्य पहुँच जाएगी और भले स्वभाव के कारण आप उनके प्रिय बन जाएँगे।

ग्राहकों व सहकर्मियों के प्रति ईमानदार रहने पर ही आप सहकर्मियों

से ईमानदारी की उम्मीद कर सकते हैं। ईमानदार रहिए और ईमानदार लगिए भी। क्या आप अपने संगठन और कर्मचारियों के प्रति उत्साह, पहल, निष्ठा तथा समर्थन व्यक्त करते हैं, यदि हाँ, तो सहकर्मी भी बदले में ऐसा ही करेंगे। क्या आप सचमुच उनसे सुझाव माँगते हैं। और कुछ सुझावों को अमल में लाने के बाद उन्हें श्रेय व पुरस्कार देते है?

> *"याद रखें, सकारात्मक मनोवृत्ति उच्च पद या धन से पैदा नहीं होती। सच तो यह है कि सकारात्मक मनोवृत्ति के कारण उच्च पद हासिल किया जाता है।"*

यह बात उतनी ही सच है जितनी कि यह कि आप खुश हैं, इसलिए नहीं मुसकराते बल्कि आप मुसकराते हैं, इसलिए खुश हैं। सकारात्मक मनोवृत्ति के मालिक बनें।

3. स्वयं को दूसरों के स्थान पर रखें

टीम के हर सदस्य की अपनी समस्याएँ होती हैं। समस्याओं को उनकी नजर से देखिए, यथासामर्थ्य उनकी समस्याओं को सुलझाने का प्रयत्न करें। चाहे समस्या न सुलझे, लेकिन उनके लिए प्रयास करने की भावना मायने रखती है। सहकर्मी को भी तसल्ली हो जाएगी कि आपने उनकी सहायता करने का प्रयास किया। स्वयं को दूसरों के स्थान पर रखने से टीम के सदस्यों के बीच बेहतर सहयोग पनपेगा। चाहे दूसरे न करें, लेकिन आपको सहयोग करने की पहल करनी चाहिए। अपने स्वभाव के अनुसार निस्स्वार्थ सहयोग करें। सहयोग करने वाले लोगों को उचित सम्मान दें। सहकर्मी के साथ काम करने की बात को हलके तौर पर मत लें। उन्हें बताएँ कि कैसे उसकी अच्छी आदत संगठन के परम उद्देश्य की प्राप्ति से सहयोग कर रही है।

अगर मनुष्य श्रेय की परवाह न करें तो उसके सामर्थ्य की कोई सीमा नहीं है।

अपने आसपास एक विशेष समूह बनाएँ। अमेरिकी अरबपति और तेल उद्योगपति जे. पॉल गेटी ऐसे समूह के सदस्यों को लखपति मानसिकता वाले व्यक्ति कहते हैं। ये ऐसे सहयोगी होते हैं, जो प्रगतिशील सोच वाले, लागत चैतन्य और लाभोन्मुख होते हैं तथा ऐसे सहयोगी अपने आसपास टीम बना लेते हैं। बाद में यह टीम चंद्रमा को छूने वाला पिरामिड बन जाती है।

आपको बेहतर जवाबदेह होना चाहिए। अपने हिस्से का काम न करनेवाले को अगर आप काम नहीं देंगे तो मिलकर काम करना निष्फल हो जाएगा। औचित्य, शीघ्रता और दृढ़ता से टीम मजबूत होती है। सहयोगी का नजरिया जान लेने के बाद कार्य करना आसान हो जाता है। दूसरी, नहीं तो फिर तीसरी चेतावनी के बाद उसे टीम से निकाल दीजिए। 'निखरो या निकलो' का संदेश फैलाइए। इसके बाद आप देखेंगे कि हर कोई अपने हिस्से का काम पूरी शक्ति से कर रहा है।

टीम के लिए अधिक उपयोगी बनने की नई दक्षताएँ सीखने के लिए कर्मचारियों को प्रोत्साहित करें और काम को हमेशा चुनौतीपूर्ण बनाते रहें। खिलाड़ियों यानी कर्मचारियों का स्थान बदलते रहिए, परिवर्तन के लिए नहीं, बल्कि उनके खेलने यानी काम करने के सही स्थान और साथी खिलाड़ी की समस्याओं से अवगत करवाने के लिए ऐसा कीजिए।

4. सही संप्रेषण करें

इस बात को पूरा महत्त्व दें। उम्मीद रखते हैं कि बॉस स्पष्ट संदेश दें, सरल शब्द प्रयोग करें और बुद्ध की शैली में अर्थात् शांत भाव से बात करें। क्या टीम के सदस्यों के साथ काम करते हुए आप भी ऐसा ही करते हैं और आपकी देह भाषा यानी बॉडी लैंग्वेज कैसी है? क्या आप जानते हैं कि अमौखिक ढंग से आप कितनी बातें कहते हैं या कह सकते हैं। जापान में कही बातों के अपेक्षा अनकही बातें ज्यादा महत्त्वपूर्ण होती हैं।

5. सहकर्मियों से सार्थक बातचीत 'खुल जा सिमसिम' के समान है

ध्यान से सुनना सीखें। विश्वास करें, यह बहुत मुश्किल काम है। हमने कभी ध्यान से सुनना सीखा ही नहीं। स्कूल और कॉलेज के दिनों को याद करें, आप समझ जाएँगे कि आपने ध्यान से सुनने का न तो कोई कोर्स किया और न कोई पुस्तक पढ़ी। शायद यही कारण है कि बचपन में आपके माता-पिता शिकायत किया करते थे कि आपने उनकी बात कभी नहीं सुनी। आपकी पत्नी की भी अब यही शिकायत है।

कोई भी अपने सहकर्मी की बात ध्यान से न सुनने का नुकसान बरदाश्त नहीं कर सकता, लेकिन फिर भी वह ध्यान से नहीं सुनता। हम सभी इसी भुलावे में पले-बढ़े हैं कि केवल बोलना ही सबकुछ है, सुनना कुछ नहीं।

यहाँ हम सहकर्मी के साथ सार्थक बातचीत के बारे में चर्चा कर रहे हैं। सुने बिना आप उनसे कैसे बातचीत कर सकते हैं? क्या यह बात सही नहीं है? अपनी बात कहने के साथ-साथ उनकी बात भी गौर से सुनें।

सहयोगी के स्तर पर आकर सुनें— ऐसा करना बहुत मुश्किल है, मगर निरंतर प्रयास से आप धीरे-धीरे सीख जाएँगे, इससे आप सहयोगी की मंशा और उनकी सहमति जान सकेंगे। उनके स्तर पर उतरें। ऊँचे पद जानकारी के लिए फायदेमंद नहीं है।

बोधिधर्म

एक फकीर था—बोधिधर्म, वह बहुत बढ़िया फकीर था। दुनिया में थोड़े ही गिने-चुने फकीर हुए हैं, उनमें एक वह भी था, अगर आप उस फकीर से मिलने जाते तो वह हमेशा आपकी तरफ पीठ करके बैठता और दीवार की तरफ मुँह। उसके इस हरकत पर लोगों को बड़ा गुस्सा आता और लोग पूछते, "यह कैसा शिष्टाचार है? हम मिलने आए हैं तो आप दीवार की तरफ मुँह किए हुए हैं और हमारी तरफ पीठ।"

बोधिधर्म कहता, "कम-से-कम दीवार की तरफ मुँह करने से एक बात तो मन में रहती है कि कोई हर्ज नहीं, दीवार है, नहीं सुनती तो कोई

हर्ज नहीं, लेकिन तुम्हारी तरफ मुँह करने से बड़ी मुश्किल हो जाती है। हम कहे चले जाते हैं, तुम सुनते नहीं। तुम भी दीवार की तरह हो और कहीं गुस्सा न आ जाए मुझे, इसलिए मैं दीवार की तरफ मुँह ही रखता हूँ। दीवार पर गुस्सा करने की जरूरत भी नहीं। दीवार आखिर दीवार है, नहीं सुनती, कोई हर्ज नहीं। लेकिन तुम हो आदमी, तुम भी नहीं सुनते, इसलिए मैं पीठ करता हूँ तुम्हारी तरफ।''

सहयोगी को स्पष्ट और उन्मुक्त होने के लिए प्रोत्साहित करना पड़ेगा। उनसे केवल तथ्य ही नहीं, बल्कि सुविचारित राय देने के लिए भी कहें।

लिखना सीखें— याद रखें, अभ्यास से आप बेहतर और किसी दिन पूर्णत: श्रेष्ठ बन जाएँगे। कहने की बजाय लिखकर आप बेहतर ढंग से दूसरों तक अपनी बात पहुँचा सकते हैं।

लिखित में सही व स्पष्ट संदेश पाने के अनेक तरीके हैं। लिखने से पूर्व अपने विचार व्यवस्थित करें। पहले दिमाग में और फिर कागज पर एक साधारण खाका तैयार करें। सोते-जागते इस पर चिंतन करें। संशोधन करते रहें, लिखने के लिए बैठें और फिर विचार ऐसे फूटेंगे जैसे फव्वारे से पानी। एक के बाद एक खाका बनाएँ। चेहरे पर मुसकान सजाकर लिखना मत भूलें। जानते हैं, इससे क्या होगा? आपकी मुसकान आपकी तहरीरों में झलकेगी। सोचिए नहीं, शुरू हो जाइए। कागज पर खास-खास बातें लिखें। सर्वोत्तम को बेहतर का दुश्मन मत बनाएँ। विचारों को संक्षिप्त और स्पष्ट ढंग से बयान करें। याद रखें, विचार उपन्यास की तरह नहीं, बल्कि पत्र की तरह पढ़े जाते हैं। प्रमुख बातों के लिए तारे और बिंदुओं का प्रयोग करें। अपनी बात साफ-साफ लिखें। लिखने के बाद दूसरों की राय जानें। याद रखें, आपका काम ज्ञान बघारना नहीं, बल्कि सुझाव या निर्देश प्राप्त करना है।

अपनी शैली का प्रयोग करें : यह आपका पत्र है। इसलिए अपनी शैली में बात करें। अनुच्छेद (Paragraph) विचारों की एक स्वतंत्र इकाई है, इसलिए अनुच्छेदों का प्रयोग करें। ये क्रमानुसार होने चाहिए। बोलचाल

वाले शब्दों का इस्तेमाल करें। बाद में इन्हें संपादित करें। ध्यान रखें, बोले गए शब्द अस्थायी होते हैं। जबकि लिखे गए शब्द स्थायी होते हैं। लिखे गए शब्द दोधारी तलवार के समान हैं, इसलिए उनके इस्तेमाल में अत्यंत सावधानी की जरूरत है। विलंब मत करें। देरी से धन का नुकसान उठाना पड़ेगा। अगर आपका मस्तिष्क ठप्प हो जाएगा, तो आप क्या करेंगे? ऐसे लोगों से संपर्क रखें जो आपको मुक्तभाव से राय दे सकें। राय माँगने से बहुत लोग खुशी महसूस करते।

6. सहयोगी को उनकी रुचि का काम दें

चुनौतीपूर्ण काम न मिलने से कर्मचारियों का उत्साह खत्म हो जाता है। किसी ने बहुत अक्लमंदी की बात कही है, पसंदीदा काम चुनें, जीवन में एक दिन भी काम नहीं करना पड़ेगा। सहयोगी के रोचक या बोरियत भरे काम के लिए आप ही जिम्मेदार हैं। काम आत्मसंतुष्टि से भरा होना चाहिए। इससे सहयोगी की सर्वोत्तम प्रतिभा सामने उभरकर आती है। काम मात्र पैसा कमाने का जरिया नहीं, बल्कि ऐसी गतिविधि होना चाहिए, जिसके द्वारा विकास हो सके।

इस कमी को कम करने के लिए सहयोगी को अपनी मरजी का नहीं वरन् उनकी पसंद का काम दें, क्या यह अव्यावहारिक बात है? शायद, लेकिन श्रेष्ठ प्रबंधक यथासंभव अव्यावहारिक विचारों के ही वास्तविकता में बदलने का प्रयत्न करते हैं। यह उनके लिए चुनौती है और उन्हें ऐसी चुनौती का सामना करने में मजा आता है।

सहयोगी के ज्ञान-कुशलता तथा ऊर्जा का इस्तेमाल करना चाहिए। खाली आश्वासन से काम नहीं चलेगा। यह सुनिश्चित करें कि सहयोगी को काम से इतनी संतुष्टि मिले कि वह उसके प्रति पूर्णतः समर्पित हो जाए। जो कोशिश करते हैं, चाहे वह कहावती नौवीं कोशिश क्यों न हो, अवश्य कामयाब होते हैं। झूठ व मदद देने से औसत सहयोगी भी इस प्रकार की कोशिश करता है कि काम अपेक्षाकृत अधिक चुनौती भरा हो जाता है और

वह उसमें अपनी पूरी प्रतिज्ञा झोंक देता है।

अनुपयुक्त स्थान पर लगे सहयोगी का पता कैसे लगाएँ?

- वह खोया-खोया दिखाई देगा और ऐसे प्रदर्शित करेगा, जैसे वह उपस्थित ही न हो।
- उसकी आँखों में कोई चमक नहीं होगी, वह धीरे-धीरे चलेगा और चिड़चिड़ा हो जाएगा।

इस हालात को कैसे सुधारें? संभवतः इसका कोई एकमात्र या टिकाऊ इलाज नहीं है और इस स्थिति को एक दिन या एक महीने में नहीं सुधारा जा सकता है।

आपको प्रयत्न करते रहना है। सहयोगी को नए कार्य व जिम्मेदारी दीजिए, जब तक उसे उपयुक्त कार्य नहीं मिल जाता, तब तक उसे अलग-अलग काम देते रहिए। जी हाँ, यही उपाय है। सहयोगी को कौन सा काम पसंद है और कौन सा नहीं, यह जानने के लिए विश्लेषण कीजिए तथा उस पर नजर रखें। अकसर कोई सहयोगी किसी काम को बड़े उत्साह से करता है। लेकिन कुछ समय पश्चात् उसके प्रति उदासीन हो जाता है। इसका कारण दोहराव या बोरियत हो सकता है। या किसी ने कटाक्ष करके उसके अहम को चोट पहुँचाई है। पता लगाने का प्रयास करें और धैर्य रखें, एक बार उसकी समस्या और लक्षण जानने के बाद आप बात करके और अंततः बेहतरी की कामना करके जरूरी समाधान ढूँढ़ लेंगे। कामयाब प्रबंधक यह कार्य नियमित रूप से करते हैं और धीरे-धीरे सहयोगियों के लिए रुचिपूर्ण काम खोजने में प्रवीण हो जाते हैं।

7. काम सौंपें पर भूलें मत

आपकी मेज पर आने वाला अस्सी प्रतिशत काम तुरंत निपटाया जा सकता है। आपकी काबिलियत सबसे योग्य सहयोगी को काम सौंपने में

छिपी है। यह कोई आसान काम नहीं है; क्योंकि आमतौर पर आप अपने लायक काम को खुद ही निपटाना चाहते हैं। हम में से बहुत से लोग काम का प्रबंधन करने के बजाय उसे खुद करने में सुविधाजनक मानते हैं। प्रभावी लीडर काम सौंपने के बाद उसे भूलता नहीं है।

यह काबिलियत कैसे पाई जाए? बहुत सरल है, पर इसके लिए जरूरी है :

- अनुवर्ती सूची—किस काम को किसे सौंपना है, इसे सूची में नोट करें।
- जाँच सूची—यह सूची प्रतिदिन साप्ताहिक, पाक्षिक और मासिक प्रगति की जाँच सुनिश्चित करने के लिए होती है।

ये दोनों सूचियाँ बनाना बहुत ही आसान और सामान्य कार्य है, लेकिन अधिकांश प्रबंधक इन्हें नहीं बनाते। काम की सुपुर्दगी एक कला कही जाती है। आप यह कला अनुभव व ज्ञान से अपने व्यवहार में उतारकर सीख सकते हैं।

काम सौंपते समय उसके उद्देश्य, महत्त्व और पूरा करवाने की समय अवधि पर खास ध्यान दें। यह मत सोचें कि आपका सहयोगी सबकुछ जानता है या इस बारे में आप से कुछ पूछेगा। यह जान लें कि यह आपसे कुछ नहीं पूछेगा। वह अपनी समझ और जरूरत के हिसाब से ही काम को प्राथमिकता देगा।

- काम सौंपने के बाद सहयोगी से पूछें कि आपने उससे क्या कहा है? यह बहुत अच्छी बात होगी; क्योंकि इससे आप अंदाजा लगा लेंगे कि उसने क्या और कितनी बात समझी है।
- काम सौंपते समय सहयोगी में चुनौती की भावना पैदा कीजिए। बाद में आपको इसका फर्क पता चलेगा।
- समय-समय पर प्रगति का जायजा लें और अपनी सहायता की पेशकश करें, लेकिन हद से ज्यादा सहमति न दें।

- यह अपेक्षा न करें कि अगर आप खुद काम करते तो ज्यादा बेहतर करते। सौंपे गए काम की समीक्षा करें। परिणाम स्वीकार करें और बढ़िया काम की प्रशंसा करें। इस सब के बाद एक पिता के समान प्यार से बताएँ कि काम को बेहतर कैसे बनाया जा सकता था।

□

लगे रहो, लगे रहो,
लगे रहो—लगन से।

विजेता कभी नहीं थकता और थकने वाला कभी नहीं जीतता

भगवान् बुद्ध

एक बार भगवान् बुद्ध कहीं जा रहे थे। जंगल में उन्होंने एक स्थान पर कई छोटे-छोटे गड्ढे खुदे देखे। उनके मन में इसका कारण जानने की जिज्ञासा हुई। उन्होंने एक स्थानीय किसान से पूछा, ''ये गड्ढे किसने और किस उद्देश्य से खोदे हैं?'' उस वृद्ध किसान ने बताया, ''एक राहगीर ने पानी की तलाश में गड्ढा खोदने का प्रयास किया। कुछ फीट गहरा खोदता, पानी नहीं मिलता तो दूसरा खोदना शुरू कर देता, किंतु पानी नहीं मिला।'' भगवान् बुद्ध बोले, ''उस व्यक्ति में धैर्य का अभाव था। यदि वह पहले गड्ढे को ही धैर्यपूर्वक और गहरा खोदता, तो उसे अवश्य पानी मिल जाता। धैर्य और परिश्रम का परिणाम हमेशा सफलता देने वाला होता है।''

एडीसन की प्रयोगशाला

एडीसन अपनी प्रयोगशाला में एक प्रयोग कर रहे थे। उन्होंने एक युवा वैज्ञानिक को सहयोगी के रूप में रखा हुआ था। वह युवा वैज्ञानिक बहुत विचारशील, तर्कनिष्ठ और प्रतिभावान था। वे रोज के अठारह-अठारह घंटे अपने प्रयोग में जुटे रहते और हर रात असफल होकर वापस लौटते। तीन महीने बाद उस युवक ने जवाब दे दिया। जवाब तो बहुत पहले दे चुका होता, लेकिन एडीसन की आँखों में निष्ठा का जो दीया जलता था, उसकी वजह से

उसे कुछ कहने की हिम्मत नहीं पड़ती थी। रोज एडीसन सुबह होते ही एक जिज्ञासु बच्चे की तरह प्रयोगशाला की ओर भागे चले आते। इधर यह युवक रोज तय करके आता था, आज कह दूँगा कि अब क्षमा करें, यह काम अपने बस का नहीं, यह प्रयोग कभी सफल नहीं हो पाएगा। शायद हमने गलत प्रयोग हाथ में ले लिया है। हम इतनी बार, इतनी दिशाओं में प्रयोग कर चुके हैं और अंत में हर बार असफलता ही हाथ लगती है, फिर भी पागलों की तरह जुटे हुए हैं। छोड़ो भी आओ, हम कुछ ऐसा करें, जिसमें सफलता मिले। लेकिन एडीसन की आँखों में जलती हुई ज्योति को देखकर उसकी हिम्मत नहीं पड़ती थी। उसे ऐसा लगता था कि एडीसन बूढ़ा है, पर फिर भी जवान है और वह खुद जवान होते हुए भी बुढ़ापे की बात करें, यह ठीक नहीं है। लेकिन तीन महीने बीत गए। न दिन में चैन, न रात में नींद।

तीन महीने बाद एक दिन उसने सुबह एडीसन से आँखें नहीं मिलाईं। बस नीचे ही नजरें रखकर एडीसन से कहा, ''क्षमा करें।'' एडीसन ने कहा, ''मेरी तरफ देखकर कहो।'' उसने कहा, ''आँखें उठाते ही मैं झंझट में पड़ जाता हूँ। तीन महीने से निरंतर आँखें ऊपर करके बात करता हूँ, पर आज आँखें ऊपर करनी ही नहीं हैं, यह प्रयोग सफल होने वाला नहीं है।'' एडीसन ने कहा, ''क्या तुम पागल हो गए हो? सफलता के इतने करीब आकर!'' उस युवक ने कहा, ''सफलता के करीब? पहले दिन जितने करीब थे, अब उतने भी करीब नहीं रहे। तीन महीने में जितने भी प्रयोग किए, सब बेकार हो गए।''

एडीसन ने कहा, ''तुम्हें गणित नहीं आता। इतने रास्ते हमने देख लिये, सारे बेकार हो गए, इसका मतलब यह हुआ कि अब बेकार रास्ते कम हो गए। हमने दो सौ रास्ते देख लिये, अगर तीन सौ रास्ते भी होंगे तो अब सौ रास्ते ही बचे हैं। सफलता के कीरब हम आ रहे हैं। आज नहीं कल, कल नहीं तो परसों जरूर जीतकर रहेंगे। कोई एक रास्ता तो सही होगा, जो हमें जीत के करीब ले जाएगा और तुम हार रहे हो। तीन महीने मेहनत के बाद अब वापस लौटने की बात सोचते हो। जबकि जीत की मंजिल सामने ही चमक रही है।''

यह निष्ठा है। निष्ठा का अर्थ है, पराजय के समक्ष विजय का विश्वास। निष्ठा, हार और असफलता के समक्ष जीत और सफलता का सूत्र है निष्ठा। रास्ते का एक पत्थर बाधा समझा जा सकता है या आगे बढ़ने की सीढ़ी। अगर बाधा समझा तो विजय यात्रा वहीं रुक जाएगी और सीढ़ी समझा तो विजय यात्रा और आगे बढ़ जाएगी। स्थिति तो एक है, पर देखने में अंतर है और इस अंतर को निष्ठा से मिटाया जा सकता है।

प्याज खाने की सजा

एक बार एक चोर को सजा सुनाते हुए राजा ने कहा कि हम तुम्हें तुम्हारी सजा चुनने का मौका देते हैं। बताओ 100 प्याज खाने की सजा, 100 चाबुक खाने की सजा अथवा 1000 रुपए का जुरमाना, इन तीनों में क्या स्वीकार है? चोर ने सोचा, 1000 रुपए भरने अथवा चाबुक खाने से अच्छा है प्याज खाना। उसने प्याज खाना चुना, परंतु 15 प्याज खाते-खाते उसकी हालात खराब हो गई, उसने राजा से कहा महाराज मैं 100 चाबुक ही खा लूँगा, परंतु जैसे ही 25 चाबुक पड़े, उसके चमड़ी से खून निकलने लगा एवं भयंकर पीड़ा होने लगी। उसने राजा से फिर प्रार्थना की कि महाराज, मैं प्याज ही खा लेता हूँ, परंतु 50 प्याज के बाद उसने अपना फैसला फिर बदला तथा चाबुक खाने की गुजारिश की और यही किस्सा चलता रहा, जब तक कि उसने 80 प्याज एवं 90 चाबुक नहीं खा लिये!

□

सफलता सस्ती नहीं मिलती,
परंतु यह कभी भी महँगी नहीं होती।

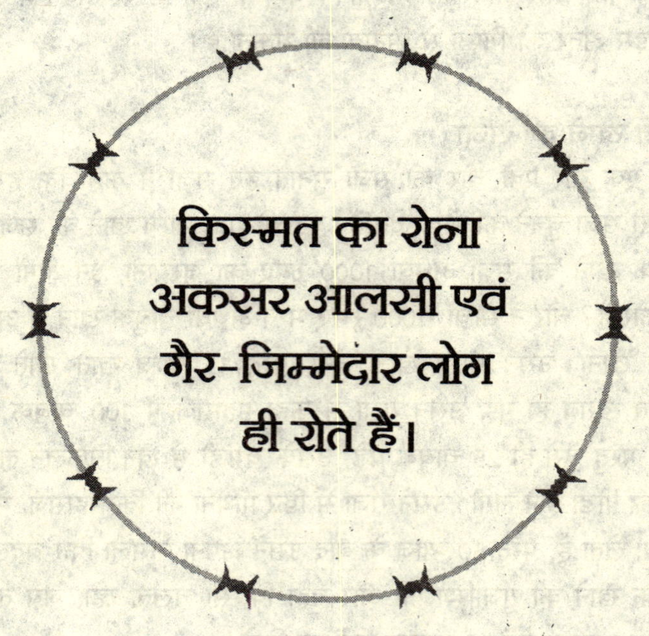
किस्मत का रोना
अकसर आलसी एवं
गैर-जिम्मेदार लोग
ही रोते हैं।

किस्मत

अकसर सेमिनारों में मुझसे 'किस्मत' के बारे में सवाल पूछा जाता है कि क्या 'किस्मत' नाम की कोई चीज है तथा हमारी सफलता एवं असफलता में इसका क्या योगदान होता है? हालाँकि यह सवाल बहुत सामान्य है, परंतु मुझे इसका कोई सही जवाब समझ में नहीं आता था। लेकिन मेरे अब तक के अनुभव एवं जानकारी के आधार पर मेरा मानना है कि 'मौके और तैयारी का मिलन ही किस्मत है'।

अकसर हम देखते हैं कि हम अपने आप को सफलता प्राप्ति के लिए तैयार नहीं करते, यानी सफलता प्राप्ति के लिए उत्सुक नहीं रहते तथा जरूरी एवं आवश्यक कामों में ध्यान लगाने के बजाय अनावश्यक और गैरजरूरी कामों में अधिक ध्यान लगाते हैं। यही कारण है कि मिलने वाले मौकों को या तो देख नहीं पाते अथवा उनका सदुपयोग नहीं कर पाते। ऐसे ही लोग जीवन भर अपनी किस्मत का रोना रोते रहते हैं।

यह बात सही है कि हमारे जीवन में सबकुछ हमारी इच्छानुसार नहीं होता, परंतु जो कुछ भी हमारे अधिकार-सीमा में है, उसे हमें अपनी मेहनत एवं तैयारी से हमेशा जारी रखना चाहिए। मेरा मानना है कि भगवान् न तो अंधा है और न ही बहरा, वह हमारे द्वारा की गई सच्ची मेहनत का फल अवश्य देता है।

इसलिए हमें चाहिए कि लगन के साथ अपने कार्य में लग जाएँ तथा अपने आप को हमेशा सतर्क रखें, जिससे कि हम सही मौकों को ढूँढ़कर

सफलता हासिल कर सकें। 'मौका मिल जाए तो ठीक, वरना मौका ढूँढ़िए' किसी ने सच ही कहा है कि 'हिम्मत-ये-मर्दा-मदद-ये खुदा' यानी हिम्मतवार की मदद खुदा भी करता है। कुछ लोग ऐसे होते हैं, जो अच्छे फल के बीज मिल जाने पर उसे जेब में रखकर घूमते रहते हैं, इस आस में कि बीज से पेड़ बनेगा ही और एक दिन फल भी अवश्य मिलेगा; क्योंकि बीज से पेड़ और पेड़ से फल होता है। इसलिए तैयारी का अर्थ है अपने हुनर को बढ़ाना एवं मनोवृत्ति को सकारात्मक एवं सृजनात्मक रखना, ताकि इसमें मौके के बीज को लगाया जा सके। बीज से पेड़ और पेड़ से फल हमें तभी प्राप्त हो सकता है, जब हम बीज को सही और उपजाऊ जमीन में डालकर पानी, धूप एवं खाद से सींचें। इसी तरह जब हम मौके के बीज को मेहनत एवं लगन की खाद से सींचते हैं तो सफलता का फल हमें अवश्य मिलता है।

परंतु कुछ लोगों में धीरज की कमी होती है। वह बीज तो धरती में डाल देते हैं, पानी भी दे देते हैं, परंतु रोज इसे जमीन से निकालकर देखते भी रहते हैं। ऐसे ही लोगों के लिए कहा गया है कि यदि आप बीज बोएँ तथा उसे पानी दें और अगले दिन निकालकर देखें तो क्या मिलेगा, उन्हें मिलेगा 'गीला बीज।' इसी तरह मौके के बीज को मेहनत एवं लगन की खाद के साथ-साथ धीरज की धूप की भी आवश्यकता होती है।

काले बाँस की कहानी

काले बाँस का बीज बहुत सख्त छिलके वाले बीज की तरह लगता है। इसे बोए जाने के बाद लगभग हर सप्ताह पानी और खाद देना पड़ता है। नौसिखिया बोनेवाला यह देखकर हताश हो जाता है कि पहले साल कुछ होता ही नहीं। दूसरे वर्ष भी इसे लगातार खाद-पानी दिया जाता है, फिर भी कुछ होता दिखाई नहीं देता। खाद-पानी देने की प्रक्रिया तीसरे और चौथे साल भी दोहराई जाती है, फिर भी सामने कुछ होता नहीं दिखता। फिर पाँचवें वर्ष के छठे महीने में जमीन से एक अंकुर फूटता है और छह हफ्ते के भीतर बाँस चालीस फीट बढ़ जाता है। अब प्रश्न है कि बाँस चालीस फीट छह हफ्ते में

बढ़ा या पाँच वर्ष में? आप क्या सोचते हैं? हमारा मानना है कि यह बढ़त पिछले वर्षों के दौरान हुई घटनाओं का परिणाम है, क्योंकि इस दौरान अगर खाद-पानी देने की प्रक्रिया कम कर दी गई होती, तो बीज बीच में ही मर गया होता।

एक बीमारी ऐसी है, जो सिर्फ मनुष्य जाति को ही होती है और उसे कहते हैं 'आँकड़ों का लकवा' (paralysis of analysis) मार जाना। ऐसे व्यक्ति कभी भी किसी नए काम के लिए हाँ नहीं करते तथा किसी-न-किसी प्रकार के आँकड़ों का आधार बनाकर दूसरों को हतोत्साहित करते रहते हैं। इन्हें शायद इस बात की जानकारी नहीं है कि इतिहास की अपनी एक सीमा है कि वह केवल जो हुआ था, उसकी जानकारी देता है। इतिहास यह नहीं बता सकता कि क्या किया जा सकता था अथवा क्या हो सकता था? ऐसे व्यक्ति अकसर आपको कहते सुनाई देंगे, "अरे, ऐसा भी क्या कभी हुआ है?" अथवा "क्या आपने पहले कभी ऐसा सुना है?" या "हमारी तो उम्र ही बीत गई, पर हमने तो ऐसा न देखा न सुना" या "मैं लिखकर देता हूँ, ऐसा न कभी हुआ, न कभी हो सकता है।"

L	—	Labour
U	—	Under
C	—	Correct
K	—	Knowledge

□□□